ANDREAS LÖBBERS

Der Stiftung Warentest Haushalts-Check

Stiftung Warentest

VORWORT

Mit dem Profi-Wissen der Stiftung Warentest und der Organisationspraxis aus 45 Jahren als Koch lässt sich der Haushalt ganz einfach bewältigen.

Ich bin Koch aus Leidenschaft. Wie jeder Koch und jede Köchin habe ich in meinem Berufsleben mehrere Stationen durchlaufen – ich habe in verschiedenen Restaurants und in einer Bistroküche gearbeitet und war als Feldkoch und Verpflegungswart bei der Bundeswehr tätig. Seit 25 Jahren bin ich nun Produktionsleiter und Ausbilder in einer Krankenhausküche. Der Schwerpunkt meiner Arbeit liegt heute in der Rationalisierung der Arbeitsabläufe: Das bedeutet eine streng organisierte und durchkalkulierte Warenwirtschaft und Lagerhaltung sowie Speisepläne zu entwickeln, die alle technischen Möglichkeiten der Küche ausreizen.

Mir ist bald klar geworden, dass sich viele Abläufe und Prinzipien, die eine Großküche am Laufen halten, auch auf einen Privathaushalt übertragen lassen – das betrifft nicht nur Kochen und Vorratshaltung, sondern mehr oder weniger alle Aspekte des Haushalts. Gute Planung und das Wissen darum, wie man die besten Produkte zum günstigsten Preis bekommt und sie so einsetzt, dass nichts verschwendet wird, sind in der Familie genauso nützlich, denn Zeit und Geld hat kaum jemand zu verschenken.

Daher habe ich beschlossen, meine Erfahrungen einmal zu sammeln und aufzuschreiben – als Hilfestellung für die einfache, nachhaltige und sparsame Haushaltsführung. Glücklicherweise ergab sich die Gelegenheit zur Zusammenarbeit mit der Stiftung Warentest, sodass in diesem Buch nun das Wissen der Test-Expertinnen und -Experten meine gesammelten Erfahrungen ergänzen kann. Ich wünsche mir, dass Ihnen die hier enthaltenen Tipps, Vorschläge und Informationen dabei helfen, Geld und Zeit zu sparen und Ihren Alltag entspannter zu gestalten, und hoffe, dass Ihnen das Lesen genauso viel Spaß macht, wie mir das Schreiben bereitet hat.

Andreas Köbbe

INHALTS-VERZEICHNIS

RICHTIG EINKAUFEN

NICHTS FÜR DIE TONNE! LEBENSMITTEL RICHTIG LAGERN

BEIM KOCHEN ZEIT UND GELD SPAREN

PERFEKT SPARSAM SPÜLEN

RICHTIG PUTZEN

RICHTIG WASCHEN

ANHANG

RICHTIG EINKAUFEN

Wer den täglichen oder wöchentlichen Einkauf richtig plant und vorbereitet, vermeidet Stress beim Kochen, muss nichts mehr wegschmeißen und kann richtig viel Geld sparen.

Los geht's mit einem Kassensturz

Für eine solide Budgetplanung müssen Sie als Erstes wissen, wie viel Geld Ihnen im Monat für den Einkauf zur Verfügung steht.

In jedem Restaurant und in jeder Großküche steht und fällt der wirtschaftliche Erfolg mit dem gut geplanten und günstigen Einkauf. Alle Speisen und Getränke müssen anhand der Einkaufspreise durchkalkuliert werden. Aber damit nicht genug: Um festzustellen, wie hoch der Verkaufspreis von Speisen und Getränken angesetzt werden muss, müssen auch alle sonstigen Kosten einberechnet werden, die notwendigerweise entstehen. Dazu gehören unter anderem die Löhne für das Personal, die Energiekosten, die Miete, Werbung, erforderliche Investitionen, die Kosten für Fahrzeuge, eine notwendige Gewinnspanne, die Reinigungs- und Instandsetzungskosten – und auch Rücklagen für magere Zeiten. In einem Privathaushalt sieht es ähnlich aus, auch wenn hier glücklicherweise keine Gewinne gemacht werden müssen – es sei denn, Sie kochen so gut, dass Sie Ihr Essen an die Nachbarschaft verkaufen können.

Bevor wir unseren Einkauf starten, müssen wir wissen, wie hoch unser monatliches Budget für den Einkauf von Lebensmitteln und allem Notwendigen für die Haushaltsführung ist. Auch ein Privathaushalt muss dazu erst einmal einen Kassensturz machen. Die Basis hierfür ist das Nettoeinkommen des Haushalts. Von diesem Nettoeinkommen müssen dann alle monatlichen Fixkosten abgezogen werden. Den größten Posten bilden in der Regel die Miete und alle Mietnebenkosten (Strom, Gas oder Heizöl, Wasser, Schornsteinfeger, Müllabfuhr). Immobilienbesitzer haben vielleicht noch einen Kredit abzuzahlen, der hier aufgeführt wird, zudem das Hausgeld und die Energie- und Nebenkosten.

Die Mobilitätskosten bilden einen weiteren großen Posten: Kraftstoff für das Auto, Reparaturen und Inspektionskosten, Bus- oder

Bahnkarten, Ratenzahlungen für einen Autokredit oder Leasingkosten, Autowäsche und, und, und. Weitere regelmäßig anfallende Kosten laufen auf für Telefon, Internetanschluss, Handygebühren, Rundfunkbeitrag, Fernsehanbieter, Streamingdienste und eventuelle weitere Abonnements. Denken Sie auch an Ihre Versicherungen! Jahresbeiträge rechnen Sie zur besseren Übersicht auf einen Monat um. Das mag erst einmal ungewöhnlich für Sie sein, ist aber eine bewährte Methode, eben solche Posten nicht zu vergessen.

Neben den Fixkosten, die man nicht umgehen kann, sollten Sie unbedingt die Freizeitgestaltung in dieser Auflistung nicht vergessen: Versuchen Sie zu überschlagen, was Sie für Urlaube, für die Hobbys aller Familienmitglieder und für die angenehmen Dinge des Lebens (Kino, Theater, Restaurantbesuche …) ausgeben und bilden Sie ein monatliches Mittel. Auch wenn sie nicht jeden Monat anfallen: Vergessen Sie nicht die Ausgaben für die Kleidung aller Familienmitglieder und die Kosten für Schulbücher, Stifte, Hefter und sonstiges Material. Planen Sie auch die möglichen Klassenfahrten ein. Gehören Sie zu den Gartenbesitzern? Auch Gartenpflege und Bepflanzung kosten übers Jahr Geld. Schließlich sollten Sie auch mögliche Rücklagen für Notfälle, Reparaturen und monatliche Sparbeträge berücksichtigen.

NICHT SCHÖNRECHNEN: Es ergibt keinen Sinn, sich die monatlichen Fixkosten schönzurechnen. Kalkulieren Sie daher die Kosten lieber etwas höher, um auf der sicheren Seite zu sein. Wenn alle Fixkosten realistisch ermittelt worden sind, werden diese vom Nettoeinkommen abgezogen. Somit kann der monatliche freie Geldbetrag ermittelt werden, der für den Einkauf aller für die Haushaltsführung notwendigen Artikel übrig bleibt.

Dabei gilt es zu bedenken, dass wir nicht nur vom Brot allein leben. Zu den monatlichen Kosten für die Haushaltsführung zählen neben den Kosten für Lebensmittel auch die Ausgaben für Körperpflegeprodukte (inklusive Make-up, Friseur, Nagelstudio), Reinigungsmittel, Wasch- und Pflegemittel für die Wäsche, Arzneien und andere medizinische Produkte sowie gegebenenfalls Reinigungskosten für die Wäscherei, Heißmangel und Schuhreparaturen. Unter dem Strich kann da wenig übrig bleiben. Also müssen Lösungen her.

Ein Haushalts-buch schafft Überblick

Ein Haushaltsbuch ist ein gutes Hilfsmittel, um alle Ausgaben zu überwachen und Geldfresser zu reduzieren, bevor es zu spät ist.

Das Führen eines Haushaltsbuchs kann ganz simpel auf Papier erledigt werden. Aber seien wir ehrlich: Das ist genauso attraktiv wie eine Steuererklärung. Das Smartphone, das uns oft von den wirklich wichtigen Dingen des Lebens abhält, kann in diesem Fall eine wirklich sinnvolle Hilfe sein. Es gibt zahlreiche kostenlose Haushaltsbuch-Apps. Ihre Vorteile liegen auf der Hand: Die Kosten für Einkäufe können sofort eingegeben werden. Es gibt keine Zettelwirtschaft. Für jede Ausgabensparte kann ein Eingabefeld eingerichtet werden. Und die Salden können für jede Ausgabensparte sofort abgerufen werden. So wissen Sie immer, wie viel Geld Sie zum Beispiel für Lebensmittel in einer Woche, in einem Monat oder in einem Quartal ausgegeben haben.

Genauigkeit ist Pflicht

Oft fragt man sich, wo zum Teufel das Geld im letzten Monat geblieben ist. Warum wurde das Budget in diesem Monat knapp und in den Monaten davor nicht? Das Haushaltsbuch kann diese Frage beantworten, vorausgesetzt, es wurde genau geführt. Durch die bargeldlose Zahlung kann schnell die Übersicht verloren gehen, inwieweit die selbst gesetzten Budgets für die einzelnen Haushaltsposten überschritten worden sind oder nicht. Zwischen dem Bezahlen und der Abbuchung vom Konto können mehrere Tage vergehen. Besonders die scheinbaren Kleinigkeiten und Verlockungen im täglichen Leben – hier ein Coffee-to-go, da eine Pizza so zwischendurch,

Spontankäufe auch von geringem Geldwert – all diese kleinen Extras machen am Ende des Monats oft eine größere Summe aus als gedacht und vor allem als eingeplant.

Aber ein Haushaltsbuch kann auch angenehme Überraschungen bescheren. Bei genauer Eingabe aller getätigten Ausgaben kann zum Monatsende mit einem Klick festgestellt werden, ob noch Luft nach oben vorhanden ist. So kann zum Beispiel unverhofft doch noch ein Restaurantbesuch drin sein, den Sie sich dann mit gutem Gewissen gönnen können. Mögliche freie Geldbeträge können auch das Budget des Folgemonats aufstocken.

Um ein Haushaltsbuch effektiv zu führen, sollte für alle relevanten Bereiche jeweils eine Ausgabenspalte/Kostenart angelegt werden. Die monatlichen Einkünfte sollten ebenfalls eingegeben werden. Einnahmen werden mit einem positiven Vorzeichen versehen, alle Ausgaben erhalten ein negatives Vorzeichen. Das machen die Apps in der Regel automatisch. Dazu kann die Zahlungsart für jede Buchung eingeben werden, also Barzahlung, Bankkarte oder Kreditkarte. Die Ausgaben/Kostenarten kann man selbst definieren und festlegen, zum Beispiel: monatliche Fixkosten (Abbuchungen für Miete, Telefon, Gas, Strom, Wasser ...), Lebensmittel, Tanken, Anschaffungen Hausrat, Kleidung, Versicherungen, Urlaub und Freizeit. Das erste Anlegen dieser Angaben kostet erst einmal etwas Zeit, die sich aber im Nachhinein rechnen wird.

MIT KONTOBINDUNG BESONDERS PRAKTISCH: Die Expertinnen und Experten von Finanztest haben im November 2023 13 Haushaltsbuch-Apps untersucht. Am besten schnitten kostenpflichtige Budgetplaner ab, die eine Verknüpfung zum Girokonto aufweisen und somit Buchungen automatisch übertragen und kategorisieren. Nicht nur bequem, sondern auch sicher: Nutzerdaten werden in angemessenem Umfang geschützt. Mehr Informationen erhalten Sie auf test.de unter dem Stichwort „Haushaltsbuch“.

Fazit: Ein Haushaltsbuch kann zwar keine Kosten senken, aber es hilft Ihnen, Ihre Ausgaben zu kontrollieren und nicht über Ihr Budget hinauszuschießen.

Versuchung pur: Tricks und Fallen im Supermarkt

Nicht mehr kaufen, als man geplant hat – gar nicht so einfach! Aber Sie können den Tricks im Supermarkt leicht entgehen.

Auf den Einkauf im Supermarkt gilt es sich vorzubereiten. Vor allem über eine Sache müssen Sie sich immer ganz im Klaren sein: Ein Supermarkt ist nicht Ihr Freund! Ein Supermarkt ist eine vom Eingang bis zur Kasse genau durchdachte und dementsprechend eingerichtete Verlockung und ein Verführungstempel, der nur ein einziges Ziel verfolgt – uns mit allen möglichen psychologischen und technischen Tricks dazu zu verleiten, mehr einzukaufen, als wir eigentlich wollten. Vergessen Sie das niemals, sonst sind Sie verloren. Da heißt es in jedem Fall, immer standhaft zu bleiben, die Augen fest auf Ihren Einkaufszettel zu richten (der Einkaufszettel ist Ihr Glaubensbekenntnis) und den guten Willen nicht zu verlieren. Wir helfen Ihnen dabei, versprochen!

Sicherlich wundern Sie sich manchmal, warum Sie in diese oder jene Abteilung des Supermarktes gelangt sind, obwohl Sie doch eigentlich ganz woanders hinwollten. Das liegt daran, dass uns eine unsichtbare Hand durch den Markt führt, die übrigens auf Rechtshänder ausgerichtet ist: Auf der rechten Seite befinden sich immer die hochpreisigen Artikel und auch die Artikel, von denen wir erfahrungsgemäß am meisten kaufen.

Sie haben nur einen kurzen Moment nicht aufgepasst und fahren wie von selbst gegen einen Ständer mit Lockangeboten, der zufällig mitten im Weg steht. Unerschrockene oder unerfahrene Eltern nehmen oft nichtsahnend ihre Kinder mit in dieses „Erlebnisparadies". Spätestens im Kassenbereich sind sie dann verloren. Die Schlange vor der eigenen Kasse ist wie immer die längste, egal wann man kommt. Die Eltern sind genervt, der Schock beim Bezahlen steht ihnen noch bevor (denn natürlich haben sie wieder mehr gekauft als geplant) und die Kinder haben zu guter Letzt die Quengelware im Kassenbereich entdeckt. Bravo!

Es nützt alles nichts, Sie müssen sich diesen Gefahren stellen, immer und immer wieder. Aber Sie können sich vorbereiten und dieses Abenteuer ohne Blessuren überstehen. Dafür müssen jedoch unbedingt einige überlebenswichtige Dinge beachtet werden. Im Folgenden machen wir Sie mit den goldenen Regeln des Supermarktbesuchs vertraut.

Tipps gegen die Versuchung

Fix und fertig kostet mehr: Frisch zu kochen ist fast immer günstiger als der Kauf von Fertigprodukten. Das ist der einzig legitime Grund, beim Einkauf von Ihrem Einkaufszettel abzuweichen. In einem schwachen Moment haben Sie auf Ihrem Einkaufszettel notiert: Pizza, tiefgefroren, fix und fertig für die ganze Familie! Zum Glück ist Ihnen dann noch rechtzeitig eingefallen, wie viel Spaß Sie mit der Familie beim letzten Pizzaabend hatten, weil alle daran beteiligt waren, die köstlichen Teigfladen selbst zu belegen und frisch zu backen. Dazu war das ein günstiger Pizzaabend und es war ein gesunder Pizzaabend, ohne zu viel Salz, Fett und Zucker. Noch einmal die Kurve gekriegt!

IMMER SATT ZUM SUPERMARKT: Eigentlich wissen Sie es bereits, aber man kann es sich nicht oft genug in Erinnerung rufen: Gehen Sie niemals und unter keinen Umständen hungrig einkaufen. Der Hunger führt zum Heißhunger. Die Folgen sind klar. Dieser Punkt führt wieder zurück zum vorherigen Punkt: Ich will schnelles, fertiges Essen, jetzt. Ich habe so eine Lust auf Pizza …

Besser Korb als Wagen: Gehen Sie, wenn immer es möglich ist, mit einem Einkaufskorb in einen Supermarkt. Ob sich das realisieren lässt, hängt natürlich von der Größe des Haushalts ab und auch davon, wie oft Sie einkaufen gehen möchten. Für einen Single- oder für einen Zweipersonenhaushalt reicht der Einkaufskorb oft aus. Wenn Sie jedoch für eine Familie einkaufen, gerade beim wöchentlichen Großeinkauf, werden Sie um den großen Einkaufswagen nicht herumkommen. Und auch hier gilt: Der Einkaufswagen mag praktisch wirken, aber das ist ein Trick! Der große Einkaufswagen verleitet dazu, sehr viel mehr einzukaufen als geplant. Das kennen Sie, wenn Sie schon einmal in einem gewissen schwedischen Möbelhaus waren. Sieht ja auch komisch aus, so ein großer Einkaufswagen mit so wenig Inhalt. Zu viele und spontan gekaufte Lebensmittel, vor allem frische Lebensmittel, landen leider zu oft in der Tonne, weil das Mindesthaltbarkeitsdatum abgelaufen ist. Trockene Lebensmittel wie Mehl, Reis und Nudeln hingegen dienen bald Motten und Mehlwürmern als Nahrung, weil davon einfach zu viel gekauft worden ist (und die Waren nicht sachgemäß eingelagert wurden). Vermeiden Sie es, zu hamstern und zu bunkern! Übrigens: Hamstern treibt die Preise nach oben. Das Hamstern von Lebensmitteln führt immer dazu, dass eine künstliche Knappheit erzeugt wird. Diese Knappheit führt dazu, dass die Preise steigen. Sie tun sich und anderen damit also keinen Gefallen.

SICH REGEN BRINGT SEGEN: Vielleicht wussten Sie es schon – unten in den Regalen liegen immer die günstigen Artikel. Die Bequemlichkeit, sich nicht bücken zu müssen, bezahlen Sie also mit dem Griff zu den teuren Artikeln. Seien Sie also sportlich und bücken Sie sich vor den Regalen.

Augen auf beim Preisvergleich: Vergleichen Sie alle Preise, indem Sie die jeweiligen Preise für 100 Gramm oder für ein Kilogramm vergleichen. Das ist die allerwichtigste Information, um das günstigste Angebot zu finden. Ob in der Tüte Haferflocken 250 Gramm, 750 Gramm oder 800 Gramm abgepackt sind, verrät nicht auf den ersten Blick den wahren Preis der Ware. Wenn Sie die Auswahl mehrerer Sorten Haferflocken in unterschiedlichen Verpackungsgrößen vorfinden, würden Sie einen Taschenrechner brauchen, um den günstigsten Artikel zu ermitteln. Gut zu wissen, dass der Preis pro 100 Gramm oder pro Kilo immer mit am Regal angegeben ist – wenn auch oft nur klein. Er zeigt Ihnen sicher an, welches Produkt am günstigsten ist, egal wie groß der Verpackungsinhalt ist. So werden Sie unter anderem auch feststellen können, dass Großgebinde in der Regel günstiger sind als Kleingebinde.

Eigenmarken sind günstiger: Die Eigenmarken der Supermärkte und die No-Name-Artikel sind immer günstiger als die teuren und nicht im Preis reduzierten Markenartikel, deswegen aber nicht schlechter. Das stellt die Stiftung Warentest regelmäßig fest. Einige Markenfirmen produzieren zudem auch für die Eigenmarken der großen Einzelhandelsketten. Das zu erkennen ist allerdings schwierig – nur teilweise decken sich die Angaben zum Produktionsort, teils liegt der Produktionsort der Handelsmarke aber auch in unmittelbarer Nähe der Produktionsstätte des Markenprodukts. Handelsmarkenprodukte kommen zunehmend aus Fabriken, die Händler gegründet haben, oder von Unternehmen, die auf die Herstellung von Handelsmarken spezialisiert sind.

Sonderangebote klug nutzen: Greifen Sie zu preisreduzierten Artikeln, die kurz vor dem Ende des Mindesthaltbarkeitsdatums angeboten werden. Wichtig ist, dass Sie die Artikel dann auch nutzen – also etwa neue Rezepte ausprobieren. Schade wäre es, wenn Sie den Artikel nur wegen des Angebots kaufen und ihn nicht verwerten.

Fleisch ist ein Preistreiber: Versuchen Sie, den Fleischkonsum zu senken. Dieser Plan ist einfach umzusetzen, wenn man Single ist. Man kann von heute auf morgen für sich beschließen, weniger oder gar kein Fleisch mehr zu essen. Wer die Familie mit ins Boot nehmen will, wird es vermutlich schwerer haben. Sie müssen aber auch nicht von heute auf morgen komplett auf fleischhaltige Mahlzeiten verzichten. Auch den Fleischanteil zu reduzieren ist schon sinnvoll – etwa mit Fleischstreifen in Salaten und Soßen. Servieren Sie Fleischersatzprodukte oder versuchen Sie, Fleisch durch proteinreiche Hülsenfrüchte, Tofu oder Schafskäse zu ersetzen.

WAS SOLL AUF DEN PERFEKTEN BURGER? Da gehen die Geschmäcker auseinander. Fest steht nach unserem Test von Mai 2021: Fleischersatz ist oft billiger und umweltschonend, aber einige der 18 Veggie-Patties aus dem Test enthalten mehr Kalorien und Fett als ein Patty aus Rindfleisch. Ein genauer Blick auf die Nährwerttabelle lohnt sich. Etliche Veggies punkten dafür aber mit anderen, exklusiven Stärken: gesunden Omega-3-Fettsäuren aus Pflanzenöl und Ballaststoffen aus Pflanzenfasern.

Die Spannen der Werte beziehen sich auf die getesteten Patties. Stand: 05/2021. Näheres unter test.de, Stichwort „Veggie-Burger-Patties“

DER SHOWDOWN: VEGGIE VS. BEEF

Burger liebt man oder nicht. Für Liebhaber gibt es mittlerweile auch vegetarische Alternativen. Wir haben da mal genauer hingeschaut (siehe auch links).

146–281 kcal
Energie

161 kcal
Energie

2,3–21,5 g
Fett

9 g
Fett

2,3–29,7 g
Eiweiß

20 g
Eiweiß

2,5–23,4 g
Kohlenhydrate

0 g
Kohlenhydrate

0 g
Cholesterin

60 g
Cholesterin

Saisonal kaufen schont Umwelt und Geldbeutel: Kaufen Sie möglichst saisonales Obst und Gemüse. Diese sind in der Regel günstiger als importierte Ware, die nicht saisonal ist. Erdbeeren zu Weihnachten, grüner Spargel im Februar – alles ist möglich, kostet aber gegebenenfalls mehr und ist auch ökologisch nicht empfehlenswert.

Billig geht nicht nur beim Discounter: Beim Discounter fällt das preiswerte Einkaufen leichter. Aber auch der „normale" Supermarkt bietet Ihnen ein breites Warenangebot von günstigen Lebensmitteln, zum Beispiel als Angebote, Sonderaktionen oder Eigenmarken, bis hin zu sehr exklusiven und hochpreisigen Produkten.

Vorsicht bei Sonderangeboten: Die Angebote eines Supermarktes sind nicht immer auch gleichzeitig die günstigsten Artikel. Ein Schokoriegel eines Markenherstellers zum Beispiel ist im Angebot deutlich günstiger als sonst, ein vergleichbarer Schokoriegel der Eigenmarke des Marktes kann aber trotzdem auch ohne Rabatt immer noch preiswerter sein als der reduzierte Markenriegel. Sie merken sicherlich schon, wohin die Reise geht.

FÜR DIGITALE SCHNÄPPCHENJÄGER: Im Frühjahr 2023 hat die Stiftung Warentest 16 kostenlose Apps für den Preisvergleich von Lebensmitteln unter die Lupe genommen. Mit den besten Programmen ließen sich lediglich Ersparnisse von bis zu 12 Prozent erzielen. Der Preisvergleich direkt vor Ort im Laden war stets zuverlässiger und erfolgreicher. Wer bessere Ergebnisse erzielen will, muss sich wohl oder übel die Zeit nehmen, um selbst in den Online-Werbeprospekten zu blättern.

Konkurrenz belebt das Geschäft: Kommen wir zur Königsdisziplin: dem Einkauf in verschiedenen Supermärkten. Diesen Tipp gibt es oft. Denn die verschiedenen Supermärkte konkurrieren untereinander und unterbieten sich in der Preisgestaltung. Davon können wir profitieren. Aber Vorsicht: Für ein günstigeres Angebot durch die Stadt zu fahren, womöglich mit dem Auto, ergibt meist keinen Sinn. Und der zeitliche Aufwand, in mehreren Geschäften einzukaufen, entspricht kaum der möglichen Ersparnis. Am bequemsten ist es natürlich, in zwei Märkten einkaufen zu gehen, die nicht allzu weit auseinander liegen. Bedenken Sie auch, dass es einfacher ist, dort einzukaufen, wo man sich auskennt. Die Orientierung und die Suche nach den Lebensmitteln in einem fremden Supermarkt kostet immer ein wenig Zeit. Zwei Supermärkte als ständige Anlaufpunkte sind eine gute Wahl: Sie kennen sich aus und Sie kennen die Preise. Der Einkauf soll trotz allem ja auch noch ein wenig Spaß machen – wenn Sie schon voller Frust vom Einkauf nach Hause kommen, könnte die Vorfreude auf das Kochen ein wenig eingetrübt sein.

Der Einkauf ist also kein Hexenwerk, aber etwas Erfahrung und das Durchschauen der Tricks und Fallen im Supermarkt macht die Sache einfacher und günstiger. Kommen wir noch einmal zurück zu Ihrem Glaubensbekenntnis – dem Einkaufszettel. Der Einkaufszettel kann mit oder ohne einen Speiseplan entstanden sein. Wenn Sie keinen Speiseplan für die kommenden Tage erstellt haben, sehen Ihre Einkaufsvorbereitungen sicherlich so aus: Alle Schränke öffnen, schauen was fehlt, notieren und einkaufen. Fleisch, Fisch, Geflügel, Obst und Gemüse werden dann oft spontan gekauft –der Speiseplan entsteht beim Einkaufen. Das ist keine wirklich gute Idee.

Familienspeiseplan: Schlüssel zum Glück

Gutes und leckeres Essen hält nicht nur Körper und Seele zusammen, es kann auch sehr entscheidend zum Familienfrieden beitragen.

„Was gibt es heute zu essen?“ und „Was soll ich heute bloß kochen?“ – das sind zwei Fragen, die einen Tag entspannt oder sehr stressig gestalten können. Die Antwort auf die erste Frage kann lange Gesichter nach sich ziehen. Die zweite Frage stellt sich die Person, die heute kocht, und sie muss sich diese Frage selbst beantworten. Das Ergebnis kann wie bei der ersten Frage ausgehen. Keine guten Ausgangsvoraussetzungen. Stress pur. Die Lösung: Alle Familienmitglieder gestalten zusammen einen Familienspeiseplan.

Welche Vorteile hat ein Familienspeiseplan?

Als Erstes wäre der schon erwähnte Familienfrieden zu nennen. Es gibt keine Enttäuschungen mehr, wenn die Familie zu Tisch geht. Streit wegen des Essens braucht kein Mensch und er ist auch absolut vermeidbar. Im Durchschnitt sind die meisten Menschen mit 15 Gerichten oder Menüs glücklich. Mehr braucht es in der Regel nicht. Wenn diese in loser Reihenfolge gekocht werden, ist die Welt in Ordnung. Dann kann man offen für Neues sein, mal hier und da probieren, aber auch zu Bewährtem zurückkommen. Damit sich die Gerichte nicht zu schnell wiederholen und Langeweile einkehrt, ist ein Speiseplan für vier Wochen sinnvoll. So kann jedes Familienmitglied seine Lieblingsgerichte einplanen.

Ein weiterer Vorteil: Der Einkauf wird entspannter. Die Rezepte für die Familiengerichte sind bekannt, man kennt die Zutaten. Dadurch müssen Sie beim Schreiben des Einkaufszettels nicht lange überlegen und im Supermarkt nicht lange suchen. Der Familienspeiseplan spart beim Einkaufen viel Geld, weil nur noch die Lebensmittel eingekauft werden, die wirklich benötigt werden.

In den Vorratsschränken vergammeln keine Lebensmittel mehr. Da die ausgesuchten Gerichte immer wieder gekocht werden, werden auch immer wieder die gleichen Lebensmittel im Umlauf verwendet. Somit gibt es keine „Vorratsleichen" mehr. Im Durchschnitt wirft jeder Deutsche im Jahr 78 Kilogramm Lebensmittel im Wert von etwa 200 Euro in den Mülleimer. Die Gründe: zu viel gekocht, zu viel eingekauft, Unsicherheit wegen des Mindesthaltbarkeitsdatums und die Lebensmittel falsch eingelagert. Mit einem Speiseplan entfällt schon einmal Punkt 2 – zu viel eingekauft. Zu den anderen Punkten kommen wir später.

Das tägliche Kochen wird nahezu „tiefenentspannt". Gut – vielleicht nicht ganz. Aber es entwickelt sich schnell eine Routine in den Abläufen. Man kennt den zeitlichen Aufwand und kann den Tag einfacher gestalten. Die Kinder können beim Kochen eingebunden werden und mithelfen. Gerade bei Gerichten, für die viel Gemüse geschnitten werden muss, oder wenn es Gerichte mit gebackenen Teigen gibt. Die meisten Kinder lieben das Backen. Pädagogisch ist es ohnehin sinnvoll: Wenn die Kinder in der Küche nie mitarbeiten müssen, ziehen sie nach dem Schulabschluss von zu Hause aus und können sich mit Glück einen Kaffee und Nudeln mit Ketchup zubereiten … Zudem kann man sich beim Kochen wunderbar mit den Kindern unterhalten – für Gespräche bleibt im durchgetakteten Familienalltag schließlich oft zu wenig Zeit.

Wie sollte ein Familienspeiseplan aussehen?

Der Familienspeiseplan, gut gestaltet, ist schon fast ein Wunschkonzert für jeden. Aber auch nur fast! Es wird kaum möglich sein, für jeden einzelnen an jedem Tag der Woche das Lieblingsessen zu kochen. Aber Sie können auf jeden Fall vermeiden, Gerichte zu kochen, bei denen mehrere Familienmitglieder die Nase rümpfen. Das Wichtigste darf natürlich nicht vergessen werden: Alle diese Maßnahmen sollen auch und vor allem den Geldbeutel entlasten. Daher sollten folgende Punkte bei der Gestaltung des Speiseplans berücksichtigt werden:

1 **GEHEN SIE GEDANKLICH DURCH DAS JAHR.** Spargel, Rhabarber und Erdbeeren sollten Sie ab Ende April einplanen, wenn diese beliebten Produkte am günstigsten zu bekommen sind. Im Sommer eine leichte Küche, mehr Salate und frisches Gemüse und dann und wann Grillgerichte dazu. Im Herbst ist Kürbiszeit und die Erntezeit für heimisches Obst. Also könnten auch süße Hauptspeisen wie ein Apfelpfannkuchen, Kaiserschmarrn mit Pflaumen und Ähnliches eingeplant werden. Im Winter die deftigere Küche mit den Wintergemüsen berücksichtigen. Kurzum: Kochen Sie möglichst saisonal. Der Winter hat nicht nur Weißkohl und Kartoffeln zu bieten. Spitzkohlsalat, Feldsalat, Eisbergsalat und Pflücksalate wachsen im Freiland auch noch bei Temperaturen um null Grad. Die Wintergemüse sind fast alle sehr gute Lagergemüse. Tomaten, Paprikaschoten und Gurken hingegen sind im Winter teuer.

2 VON GESUNDHEITSEXPERTEN INSPIRIEREN LASSEN! Versuchen Sie, die Empfehlungen der Deutschen Gesellschaft für Ernährung (DGE) in Ihren Speiseplan einzubauen. Einmal, maximal zweimal in der Woche Fleischgerichte, mindestens einmal in der Woche ein Fischgericht. Das wird der ganzen Familiengesundheit sehr zuträglich sein. Sie finden auf der Webseite der DGE auch viele leckere und gesunde Rezepte für die ganze Familie. Probieren Sie es einfach aus.

3 PLANEN SIE THEMENTAGE EIN und richten Sie den Speiseplan auch an den gewohnten Familientätigkeiten und der beruflichen Belastung der Eltern aus. Job, Familie und Freizeit müssen schließlich unter einen Hut gebracht werden. Das Kochen soll nicht zu einer weiteren Belastung werden, sondern zu einer Entlastung, auf die man sich trotz allem freut. Thementage könnten zum Beispiel so aussehen: Montag ist Nudeltag, Dienstag Eintopftag, Mittwoch ist „Veggie Day“ und so weiter. Der Samstag ist der ideale Pizzabacktag: Alle sind zu Hause (im Idealfall, leider auch immer seltener). Am Sonntag, wenn alle lieber etwas länger schlafen wollen, gibt es dann eventuell einen kleinen Brunch oder „nur“ ein spätes Frühstück, das Mittagessen fällt dann ohnehin aus und dafür kocht man abends die warme Hauptmahlzeit.

4 DER SONNTAG ALS „SONNENTAG“ in der Speiseplangestaltung: Früher gab es in vielen Familien den geliebten Sonntagsbraten. Der Geruch von Rouladen mit Rotkohl, Sauerbraten oder Rinderbraten durchzog schon vor dem Frühstück die ganze Wohnung – das Highlight der Woche, mit Suppe und natürlich mit Dessert zum Abschluss. Heute mag das als ein zu großer Aufwand an Zeit und Geld erscheinen. Und man hat ja auch am Sonntag Pläne! Aber für dieses eine besondere Essen in der Woche spricht unter anderem, dass gerade diese köstlichen, aber nicht billigen Schmorgerichte sich praktisch wie von selbst zubereiten. Man braucht dazu eine kostenlose Zutat: Zeit. Schmorgerichte werden einmal scharf angebraten, Gemüse und Zwiebeln zugegeben, aufgefüllt mit einem Fond, Deckel drauf, dann werden sie je nach Gericht und Fleischsorte für zwei bis vier Stunden im Backofen gegart. Das war´s. Die Kosten können Sie reduzieren, wenn Sie sich dazu entscheiden, an den anderen Tagen den Fleischkonsum zu reduzieren. Lieber weniger, aber wenn, dann gutes Fleisch. Zudem schmecken Schmorgerichte, wenn sie noch einmal aufgewärmt werden, fast noch besser als am ersten Tag. Wenn Sie also direkt eine große Portion kochen, können Sie zudem viel Energie einsparen. Da diese alten Traditionsgerichte viel Zeit benötigen, um zu garen, spricht dies auch dafür, am Sonntag die warme Hauptmahlzeit abends einzunehmen. So bleiben der Vormittag und fast der ganze Nachmittag frei für Familienaktivitäten. Aber es braucht kein Fleischgericht, um das Sonntagsessen zum besonderen Essen zu machen. Aus dem Sonntagsbraten wird dann zum Beispiel die bunte Gemüselasagne. Vielleicht wollen Sie gemeinsam mit den Kindern den Nudelteig dafür sogar selbst zubereiten? Hier gibt es zudem die Möglichkeit, eine vegetarische und eine vegane Variante zu kochen. Dazu einen bunten, knackigen Salat mit dem „Lieblingsdressing" der Familie und schon hat das „Traditionsgericht" ein neues Gewand erhalten: das Sonntagsessen 2.0.

5 **PLANEN SIE DIE REIHENFOLGE DER GERICHTE SO,** dass Sie zum Beispiel die Nudeln, die es am Mittwoch geben soll, am Dienstag gleich mitkochen können. Oder Sie verwenden die Tomatensoße, die es an einem Tag zu den Nudeln geben soll, in den nächsten Tagen auch für den Gemüseauflauf. So können Sie viel Zeit und Energie beim Kochen einsparen.

So schreibt man den Speiseplan

Das Internet ist oft ein Familienkiller, weil wir leider zu viel Zeit im virtuellen Raum verbringen, anstatt analog zu kommunizieren. Aber in diesem Fall kann das allwissende Orakel Google hilfreich sein. Es gibt unzählige Vordrucke zum Herunterladen. Diese sehen so aus wie der Schulstundenplan der Kinder.

Tragen Sie einfach in dem Feld für den jeweiligen Wochentag das Gericht ein, für das alle sich im Familienrat entschieden haben. Jeder sollte seine Lieblingsmenüs unterbringen können. Kompromisse müssen dabei sicherlich eingegangen werden. Notfalls muss die Mehrheit entscheiden. Vergessen Sie nicht, die Kosten im Auge zu behalten. Auch Leibspeisen müssen bezahlbar sein!

Wenn Ihre Kinder in der Küche mithelfen wollen oder sollen, können Sie zusätzlich eintragen, wer bei welchen Gerichten mithelfen kann oder soll. Vergessen Sie nicht: Es handelt sich um ein Familienprojekt, deshalb sollte sich auch möglichst die ganze Familie

UNSER FAMILIENSPEISEPLAN

SAISON	MONTAG	DIENSTAG	MITTWOCH
SOMMER	Caesar Salat mit gebratener Hähnchenbrust	Rührei mit Rahmspinat und Kartoffelstampf	Hähnchenkeule mit Reis und bunter Gemüsepfanne
WINTER	Wirsingeintopf mit Kassler	Kartoffel-Gemüsegratin mit Apfelrotkohlsalat	Gemüsebolognese mit Nudeln, Feldsalat und Kartoffeldressing

Nur ein Salat? Für große Esser lassen sich noch ganz fix Reste vom Wochenende als Zugabe aufwärmen.

Eintopf ist echt ideal, um die Überbleibsel vom Wochenende zu verwerten.

Optionale Beilage für Fleischesser: Gehacktes wie Bolognese zubereiten, aber mit weniger Soße.

DONNERSTAG	FREITAG	SAMSTAG	SONNTAG
Milchreis mit Kirschen oder Erdbeerkompott	Fischfrikadelle mit Kartoffel-Gemüsesalat und Remouladensoße	Kartoffel-Gemüse-Eintopf	Pizza-Abend oder Grill-Abend oder Burger-Tag THEMENTAG
Spätzle-Pfanne mit Gemüse und Pilzen, helle Zwiebelsoße	Backfisch mit Remoulade, Kartoffeln, Radicchio-Salat	Kürbiscremesuppe mit geröstetem Kräuterbaguette	Rindergulasch mit Möhren-Kartoffel-Stampf

Jede Woche die Soße variieren, so kriegt man ohne Aufwand geschmacklich völlig unterschiedliche Gerichte.

Frisch vom Familienausflug zum Wochenmarkt!

Wenn's draußen friert, braucht es mehr Wärme von innen. Die Fleischauswahl darf nun auch etwas deftiger ausfallen.

beteiligen. Hängen Sie den Speiseplan in der Küche aus, am besten direkt neben den Einkaufszettel. Sie werden schnell feststellen: Der Familienspeiseplan ist das ideale Hilfsmittel, um Ihren Einkaufszettel mit den benötigten Lebensmitteln auszufüllen.

Einkaufszettel: Werkzeug der Budget-Profis

Ein Einkaufszettel ist unverzichtbar, wenn Sie gezielt und vor allem sparsam einkaufen möchten. Und das geht auf Papier und digital.

Die einfachste Form des Einkaufszettels ist ein Stück Papier, auf dem Sie alles eintragen, was Sie benötigen. Damit gehen Sie in Ihren Supermarkt und starten Ihren Einkauf. Allerdings ist die einfachste nicht unbedingt die schlaueste Variante: Denn da Ihr Einkaufszettel nicht strukturiert ist, werden Sie kreuz und quer durch den Markt laufen müssen, vielleicht sogar mehrmals in die gleiche Abteilung, und verschwenden so viel Ihrer Zeit. Der Einkauf mit einem Einkaufszettel soll Ihnen aber nicht nur Geld einsparen, sondern auch Zeit.

DER EINKAUFSZETTEL IST MIT DER ZEIT GEGANGEN und präsentiert sich heute auch als schicke Einkaufslisten-App auf dem Smartphone oder Tablet. Solche digitalen Listen können auch mit den anderen Familienmitgliedern geteilt werden – selbst wenn Sie schon im Supermarkt sind, können andere noch eine vergessene Zutat hinzufügen. Der Nachteil: Solche Apps finanzieren sich in der Regel durch eingeblendete Werbung – und werten unter Umständen Ihre Daten aus.

Geben Sie Ihrem Einkaufszettel eine Struktur

Sie kennen die räumliche Einteilung Ihres Supermarkts. Im Eingangsbereich Obst und Gemüse, dann kommen meistens die Regale mit Backwaren, danach folgen an der rechten Seite die Kühlregale, im Kopfbereich findet man in der Regel die Frischetheken für Wurst, Käse und Fleisch. Konserven, Reinigungsmittel und Körperpflegemittel stehen in den Quergängen und so weiter. Im Kassenbereich befinden sich meistens die Gefrierartikel. Teilen Sie Ihren Einkaufszettel dementsprechend auch in Warengruppen ein. Somit können Sie gezielt in den einzelnen Bereichen alle dort befindlichen Artikel mit einem Gang einkaufen und vermeiden unnötige Wege. Dafür können Sie am Computer einen Einkaufszettel nach Ihren Bedürfnissen erstellen.

Das Einkaufen mit einem Einkaufszettel hat natürlich nur dann Sinn, wenn alle notwendigen Artikel von Ihnen oder Ihrer Familie eingetragen worden sind. Es wäre daher am einfachsten, den Einkaufszettel neben Ihrem Familienspeiseplan in der Küche für alle Familienmitglieder zugänglich aufzuhängen. Wenn Sie einen Familienspeiseplan erstellt haben, wissen Sie, welche Lebensmittel Sie ständig in Ihrem Vorratsschrank und in der Kühlung auf Lager haben müssen. Wenn Sie den letzten oder vorletzten Artikel aus Ihrem Vorrat entnommen haben, tragen Sie diesen sofort auf Ihrem Einkaufszettel ein. Somit haben Sie stets eine aktuelle Einkaufsliste. Das gleiche Vorgehen ist natürlich auch sinnvoll für Reinigungs-, Wasch- und Körperpflegeprodukte sowie alle Produkte aus dem Non-Food-Bereich wie zum Beispiel Schulbedarf, Verpackungsmaterialien und so weiter. So entsteht er fast wie von selbst: Ihr Einkaufszettel, der nichts „vergessen" hat.

WARENGRUPPEN SIND IHRE ROADMAP BEIM EINKAUF!
Benutzen Sie für Ihren Einkaufszettel einfach einige der folgenden Warengruppen, um schnell und entspannt durchs Labyrinth der Supermarktgänge zu gelangen: Obst und Gemüse, Fleisch/Wurst, Milch und Käseprodukte, Reis/Nudeln, Backwaren, Backzutaten/Gewürze/Brotaufstrich, Getränke/Kaffee/Tee, Konserven, Reinigung/Körperpflege, Tiefkühlware, Non-Food, Snacks/Süßwaren.

GESUND EINKAUFEN

Die Versuchungen im Supermarkt sind groß und Gesundes im Blick zu behalten gar nicht so einfach. Diese Ampel hilft Ihnen dabei.

PFLANZLICHE LEBENSMITTEL

- Zucker, Kuchen, Süßigkeiten, Knabbereien, fettreiche Kartoffelprodukte
- Getreideprodukte, geschälter Reis
- Kartoffeln
- Vollkornprodukte, ungeschälter Reis
- Obst
- Gemüse, Blattsalate, Säfte

TIERISCHE LEBENSMITTEL

- Speck
- Fettreiche Fleischwaren (Wurst), Eier, Sahne
- Fettreichere Milch und Milchprodukte, fettreicheres Fleisch
- Fettarme Milch und Milchprodukte
- Fettarmes Fleisch, fettarme Fleischwaren
- Fisch

ÖLE UND FETTE

- Schmalz, Plattenfette
- Butter
- Margarine
- Maiskeim- und Sonnenblumenöl
- Weizenkeim-, Soja- und Olivenöl
- Raps- und Walnussöl

GETRÄNKE

- Nektar, Fruchtsaft, Limonade, Energydrink
- Fruchtsaftschorlen, Lightgetränke
- Grüner und schwarzer Tee, Kaffee
- Kräuter- und Früchtetees
- Infused Water (mit Gemüse, Kräutern, Früchten aromatisiert)
- Trinkwasser, Mineralwasser

Einkaufen ohne Qualitätsverluste: So wird's gemacht

Theoretisch könnten Sie jetzt loslegen. Ihr Einkauf ist gut vorbereitet. Eine Kleinigkeit fehlt jedoch noch: Es ist Sommer, es ist heiß. Damit Ihre Lebensmittel dann nicht schon während Ihres Einkaufs und vor allem auf dem Weg nach Hause Schaden nehmen, ist der Einsatz einer Isoliertasche oder Kühltasche sehr sinnvoll. Es geht darum, die Kühlketten möglichst nicht zu unterbrechen.

Wenn dies nicht möglich ist, sollten Sie wenigstens die Waren für den Kühlschrank und vor allem die Waren für den Gefrierschrank zuletzt einkaufen. Räumen Sie die Kühl- und Gefrierartikel nach Ihrer Ankunft zu Hause so schnell wie möglich in den Kühl- oder Gefrierschrank ein. Entfernen Sie zu Hause sofort die Grünteile von Gemüse, die Sie nicht mitkochen möchten. Das Grün von Möhren und Radieschen zum Beispiel kann immer zum Kochen mitverwendet werden. Aber das Grün entzieht dem Gemüse die Feuchtigkeit. Weitere Hinweise zur Lagerung erhalten Sie ab Seite 33.

Schnäppchenlust: Was tun bei tollen Angeboten?

Sie haben sich bei Ihrem Einkauf tapfer geschlagen und Sie haben sich nicht verführen lassen, mehr einzukaufen, als Sie wollten. Und jetzt das: Angebote über Angebote ... was tun? Die Antwort: Schlagen Sie zu. Aber kaufen Sie von den Angebotsartikeln nur die, von denen Sie sicher sind, dass sie alle verwendet werden können und von Ihrer Familie auch zeitnah verbraucht werden. Ein Graupeneintopf als Fertiggericht zum Superschnäppchenpreis ist kein Angebot, wenn dieser nicht gegessen wird. Es hat auch keinen Sinn, Lebensmittel in zu großen Mengen einzukaufen, da die Gefahr besteht, dass diese Angebote in Ihrem Vorratsschrank als Schrankleichen enden und irgendwann in der Mülltonne landen. Wenn Sie einen Familienspeiseplan erstellt haben, kennen Sie die Lebensmittel, die Sie immer wieder benötigen, und Sie kennen Ihre eigenen Verbrauchsmengen. Das Fazit: Angebote ja, aber nur in Ihren selbst definierten Verbrauchsmengen!

Kennen Sie „Too good to go"?

Keine Sorge, es gibt kein Essen aus dem Container! „Too good to go" ist eine App, die anzeigt, welche Bäckereien, Supermärkte, Geschäfte, Imbisse und Restaurants in der Nähe unverkaufte und überschüssige Lebensmittel zu einem sehr günstigen Preis an Selbstabholer verkaufen. Das Unternehmen wurde 2015 in Kopenhagen aus dem Gedanken heraus gegründet, der Lebensmittelverschwendung und der Lebensmittelvernichtung einen Riegel vorzuschieben. Seit 2016 ist Too good to go auch in Deutschland aktiv. Praktisch funktioniert das Modell, indem man eines der in der App angezeigten Angebote reserviert, das man zu einem bestimmten Termin abholen muss. Es handelt sich dabei in der Regel um „Überraschungstüten", die eine Auswahl der vom Partner angebotenen Speisen enthalten, die am entsprechenden Tag übrig geblieben sind, etwa „verschiedene Backwaren", „italienische Leckereien vom Büffet" oder „Sandwiches, Salate, belegte Baguettes, Wraps und mehr". Der genaue Inhalt ist meist nicht bekannt. Beim Abholen zeigt man die Reservierung in der App vor.

Mittlerweile engagieren sich weitere Unternehmen im Bereich Lebensmittelrettung. Rewe und seine Tochter Penny etwa kooperieren seit 2021 mit dem Verein foodsharing e. V, um Lebensmittel einer sinnvollen Weiterverwendung zuzuführen. Lidl bietet eine sogenannte „Rette mich"-Tüte mit nicht mehr gut verkäuflichem, aber verzehrfähigem Obst und Gemüse für 3 Euro an. Ähnliches findet man auch in einzelnen Edeka-Märkten.

Aber auch hier sollten Sie Ihr Ziel nicht aus den Augen verlieren, keine eigenen Lebensmittel in die Tonne werfen zu müssen. Darum: Bevor die Verlockung, durch den Kauf stark verbilligter Lebensmittel viel Geld einsparen zu können, umgesetzt wird, checken Sie Ihren Vorrat schnell verderblicher Lebensmittel. Es wäre nicht sinnvoll, für ein Schnäppchen Geld auszugeben, wenn im Kühlschrank schnell verderbliche Lebensmittel darauf warten, von Ihnen gegessen oder zubereitet zu werden. Das Schnäppchen um des Schnäppchens wegen könnte sich so als nicht gewinnbringend erweisen.

Frühstück unterwegs: Stresstest fürs Budget

Ihnen fehlt morgens die Zeit für die Zubereitung eines Frühstücks? Aber hier liegt großes Sparpotenzial!

Für viele Schüler, Studentinnen und berufstätige Menschen beginnt der Tag oft ohne ein Frühstück zu Hause. Dafür gibt es verschiedene Gründe: keine Zeit, keine Lust, kein Appetit am frühen Morgen, vergessen einzukaufen. Oder schlicht und einfach: Es ist sehr bequem und einfach, sich außer Haus den ganzen Tag mit fertigem Essen zu versorgen. Das muss und kann jeder und jede für sich selbst entscheiden, aber über eine Sache muss man sich dabei absolut im Klaren sein: Es kostet sehr, sehr viel mehr als ein Frühstück zu Hause.

Wollen Sie 1100 Euro im Jahr sparen?

Den Tag neu zu strukturieren und gewohnte Abläufe zu ändern geht nicht immer von heute auf morgen. Aber Sie können daran arbeiten – allein oder mit der Familie. Ihnen fehlt morgens einfach die Zeit, weil die Kinder herumtrödeln, sie müssen noch mit dem Hund einmal um den Block gehen und irgendwie läuft immer alles anders als geplant.

Eine mögliche Lösung: Bereiten Sie wenigstens die Schulbrote für die Kinder, gerade dann, wenn sie morgens früh nichts essen wollen, am Vorabend zur Mitnahme zu. Das Gleiche gilt natürlich für die berufstätigen Elternteile. Dazu noch etwas Obst und Gemüse – perfekt. Die Kaffeemaschine ist schnell befüllt, und während Sie unter der Dusche stehen, kocht der Kaffee vor sich hin. Danach ab damit in eine coole Thermosflasche (sieht besser aus als ein Pappbecher, ökologisch zudem top!) oder Thermotasse und ab geht die Post.

TRINKGENUSS TO GO: Im Frühjahr 2020 haben Expertinnen und Experten der Stiftung Warentest 15 Thermobecher aus Edelstahl untersucht. Gefäße, die auslaufsicher sind und sehr gut isolieren, gibt es ab 20 Euro – der beste Becher hielt das Getränk für volle 16 Stunden warm. Beim Kauf sollten Sie darauf achten, dass das Gefäß spülmaschinentauglich ist und in den Becherhalter Ihres Autos passt. Von Thermobechern, die aus Bambus bestehen, sollten Sie allerdings die Finger lassen, weil bei diesem Material hohe Mengen an Schadstoffen ins Getränk übergehen können.

Was bringt das? Im Durchschnitt kostet ein belegtes Brötchen beim Bäcker mindestens 2,50 Euro, ein Kaffeegetränk (oft von zweifelhafter Qualität) selten unter drei Euro. Berechnen Sie einmal die Kosten für ein solches Frühstück vom Bäcker für eine Person: 5,50 Euro pro Tag an durchschnittlich fünf Tagen pro Woche macht 27,50 Euro pro Woche. Im Monat kostet Sie das also 4 x 27,50 Euro = 110 Euro pro Monat. Auf ein Jahr gerechnet sind Sie damit – nach Abzug von Urlaubs- und Krankheitstagen – in zehn Monaten bei 1100 Euro. Das sind die Kosten für nur eine Person auf das ganze Jahr gerechnet! Nur für das Frühstück. Oft kommt dann noch das Mittagessen oder das Abendessen außer Haus dazu. 1100 Euro – das Geld reicht für viele Familieneinkäufe.

Unterwegs und trotzdem sparen

Für das Frühstück gilt der gleiche Ratschlag: Bereiten Sie Ihr Frühstück am Abend vor. Nehmen Sie entsprechend der Jahreszeit Heiß- oder Kaltgetränke in der guten alten Thermosflasche mit – der Mensch lebt nicht vom Brot allein. Für das Mittagessen gab es früher den sogenannten Henkelmann, einen Blechbehälter, in dem Arbeiter ihr Mittagessen transportierten und dann vor Ort einfach aufwärmen konnten. Heute erfüllt eine Vielzahl von Verpackungssystemen denselben Zweck. Wenn Sie die Möglichkeit haben, ihr vorgekochtes Mittagessen zum Beispiel in einer Mikrowelle aufzuwärmen, spricht nichts dagegen, so zu verfahren. Aber viele Nudelgerichte, Würstchen oder Frikadellen schmecken auch kalt, mit Reis, Hülsenfrüchten, Couscous oder Bulgur lassen sich einfach reichhaltige Salate und Bowls vorbereiten, die ein vollwertiges Mittagessen bilden. Und nach Feierabend kann dann warm gekocht werden.

Täglich Kantine – das geht schnell ins Geld

Alle Kollegen gehen zum Mittagessen in die Cafeteria oder ins kleine Restaurant um die Ecke. Sie aber wollen eigentlich sparen. Wie sollen Sie sich verhalten? Es braucht vielleicht auch einmal etwas Mut, Änderungen zuzulassen. Punkt. Wenn Sie Ihre Kosten reduzieren wollen, müssen Sie auch bereit sein, nein zu sagen – und zu erklären, warum. Sonst denken Ihre Kollegen eventuell, dass Sie aus persönlichen Gründen nicht mehr mit ihnen zum Essen gehen wollen. In der Regel gibt es an fast jedem Arbeitsplatz eine Möglichkeit, ein mitgebrachtes Mittagessen zu sich zu nehmen.

MITBRINGEN ERLAUBT: Viele Betriebskantinen erlauben in der heutigen Zeit zudem den Verzehr mitgebrachter Speisen. Auch wenn der Kauf von wenigstens einem Getränk die Voraussetzung ist, können Sie immer noch die Kosten für die Speisen einsparen. Mit ein wenig Kreativität können Sie sicherlich eine für Sie tragbare Lösung finden, denn hierbei geht es in erster Linie um Ihre Bedürfnisse.

Es bedeutet eine einmalige Kraftanstrengung, den Tagesablauf und die Vorbereitungen zu Hause neu zu organisieren. Aber wenn sich die Abläufe einmal eingespielt haben und Sie am Monatsende in Ihrer Geldbörse sehen, wie viel Kosten Sie einsparen konnten, denken Sie sehr wahrscheinlich: Warum haben wir das nicht schon früher so gemacht? Die Lösung ist dazu noch kostenlos. Sie müssen nur ein wenig Ihrer Zeit investieren. Halten Sie sich noch einmal die Zahlen für ein Frühstück vom Bäcker für eine Person und für ein Jahr vor Augen. Es waren 1100 Euro!

NICHTS FÜR DIE TONNE! LEBENSMITTEL RICHTIG LAGERN

Rund 40 Prozent der Lebensmittelabfälle im Haushalt können vermieden werden. Das schont nicht nur Ressourcen und Umwelt, sondern auch Ihren Geldbeutel.

Gut sortiert hält einfach länger

Wer ein paar Grundregeln beachtet und seine Einkäufe gut sortiert, vergisst nichts mehr hinten im Kühlschrank.

Jeder Haushalt sollte über einen ausreichend großen Vorrat an Grundnahrungsmitteln verfügen. Dadurch sind Sie immer in der Lage, schnell Speisen zuzubereiten, ohne vorher einkaufen zu müssen. Jedoch gibt es bei der Vorratshaltung einige wichtige Punkte, die Sie beachten sollten, damit Ihre Vorräte nicht in der Mülltonne, sondern auf Ihrem Teller landen.

Grundsätzlich gilt für alle Lebensmittel, die Sie im Vorrat haben, die gleiche Regel: Die Artikel sollten möglichst kühl, trocken und lichtgeschützt gelagert werden. Allerdings unterscheiden sich je nach Lebensmittel die optimalen Lagertemperaturen und die notwendige Luftfeuchtigkeit. Für die Einlagerung der Lebensmittel unterscheiden wir vier grundsätzliche Möglichkeiten: das Kühlen im Kühlschrank, das Einfrieren im Gefrierschrank oder in der Gefriertruhe, die Lagerung im Vorratsschrank oder in Vorratsbehältern aus Holz oder Keramik sowie schließlich die Lagerung im Keller. Wenn Sie nicht über einen Keller verfügen, sollten die Lebensmittel in einem belüfteten und dunklen Schrank aufbewahrt werden, weit genug weg von allen Wärmequellen und möglichst in Bodennähe, da dort die Umgebungstemperatur etwas niedriger ist.

Bei der Aufbewahrung insbesondere von frischen Lebensmitteln gilt zudem ein weiterer Grundsatz: Alles ist so einzulagern, dass sich die Lebensmittel untereinander nicht gegenseitig negativ beeinflussen können, zum Beispiel durch einen starken Eigengeruch. Einige Obstsorten wie Äpfel sollten nicht neben anderen Obstsorten wie Bananen gelagert werden, da das natürliche Reifegas Ethylen der Äpfel das andere Obst sehr schnell nachreifen lässt. Dadurch verkürzt sich die Haltbarkeit.

Nach dem Einkauf zählt Tempo!

Sie kommen von Ihrem großen Wocheneinkauf nach Hause. Was ist zunächst zu beachten? Der allererste Gang, bevor Sie Ihre Lebensmittel einräumen, sollte immer der Weg zum Waschbecken in der Küche sein. Waschen Sie Ihre Hände gründlich und mit Seife. Sie können nicht wissen (und seien Sie versichert, Sie wollen es auch nicht wirklich wissen ...), welche Keime Sie vom Einkauf mit nach Hause gebracht haben.

Räumen Sie dann alle kühlpflichtigen Lebensmittel sofort in den Kühlschrank und alle Tiefkühlartikel in den Gefrierschrank. Packen Sie danach alle Lebensmittel aus ihren Verpackungen aus, wenn diese nicht lagerfest sind, zum Beispiel den Fisch vom Fischhändler, der in Folie und Papier eingepackt gewesen ist. Legen Sie den Fisch in ein luft- und wasserfestes Gefäß. Fleisch sollten Sie ebenfalls von der Verpackung befreien und so einlagern, dass das Blut abtropfen kann.

ACHTUNG VERFÄRBUNGEN! Im Herbst 2023 hat das Schweizer Verbrauchermagazin Saldo zwölf Frischhalteboxen mit einem Volumen zwischen 0,8 und 1,2 Litern untersucht. Die besten Behälter sind nicht nur spülmaschinenfest, auslaufsicher und leicht zu öffnen, sondern nehmen auch keine Farbe von Lebensmitteln an. Hier hatten Küchenhelfer aus Glas und Edelstahl eindeutig die Nase vorn: An ihnen hinterlässt Tomatensoße keine Spuren. Frischhaltedosen aus Kunststoff sind hingegen anfällig für Verfärbungen, die sich mit der Spülmaschine nicht auf Anhieb wieder entfernen lassen.

Entfernen Sie möglichst die Rückstände von Erde an Ihrem Gemüse. Somit tragen Sie keine Keime in die Küche oder in den Lagerort. Überprüfen Sie, ob sich kleine Raupen oder Schnecken im frischen Salat oder Gemüse befinden. Entfernen Sie das Blattgrün vom Gemüse, wenn Sie dieses nicht mitkochen möchten. Das Grün zum Beispiel von Möhren, Radieschen und Kohlrabi zieht sonst die Feuchtigkeit aus dem Gemüse. Doch Vorsicht: Alle drei genannten Gemüse können mit dem Blattgrün zubereitet werden. Das Möhrengrün schmeckt sogar noch viel intensiver nach Möhren als die Möhre selbst. Die Blätter von Radieschen und Kohlrabi können Ihren nächsten Salat verfeinern. Probieren Sie es aus.

SO WIRD MÜDES GEMÜSE WIEDER MUNTER. Hat der Einkauf etwas länger gedauert, sehen der knackige Salat und die Radieschen vielleicht ein wenig schlapp aus. Macht aber nichts: Ab damit ins Bad. Alle Lebensmittel mit Wurzelwerk oder Wurzelansatz wie Möhren, Kohlrabi, Radieschen, Mangold und alle Salatköpfe können wieder knackig werden, wenn diese im kalten Wasser durch ihr Wurzelwerk oder durch den Wurzelansatz Wasser aufsaugen können. Das geht relativ schnell. Nach der Frischekur lagern sie diese Lebensmittel entsprechend ein.

Überprüfen Sie die trockenen Lebensmittel nochmals auf Beschädigungen an den Verpackungen. Auf diese Weise können Sie verhindern, dass Schädlinge in Ihren Lebensmittelvorrat gelangen und sich dort still und heimlich ausbreiten. Stellen Sie Kräuter wie Petersilie und Schnittlauch in ein Gefäß mit Wasser auf die Küchenfensterbank, damit sie möglichst lange frisch bleiben.

Welche Lebensmittel gehören in den Kühlschrank, welche nicht?

Der Kühlschrank ist neben dem Gefrierschrank oder dem Gefrierfach der wichtigste Ort im Haushalt, um kühlpflichtige Lebensmittel sicher einzulagern. Besonders in den Sommermonaten erreicht er jedoch schnell seine Kapazitäts- und Leistungsgrenzen. Neben den alltäglichen Lebensmitteln finden dann oft Salate, Getränke und Speisen für die spontane Party den Weg in den Kühlschrank und es wird eng. Daher sollten nur die wirklich kühlpflichtigen Lebensmittel eingelagert werden.

Sofort in den Kühlschrank gehört auf jeden Fall Folgendes: alle Lebensmittel, die im Supermarkt oder auf dem Wochenmarkt in einer Kühltheke gelagert worden sind, sowie alle Fleischprodukte und frische Fischprodukte – hierzu gehören auch geräucherte Fisch- und Fleischwaren. Weitere Einkäufe, die sich dringend nach dem Kühlschrank sehnen, sind frische Milchprodukte und Lebensmittel, die tierische Fette enthalten. Dazu zählen beispielsweise Käse, Butter, Joghurt, Quark und Schmalz.

Zudem müssen alle Lebensmittel, die schnell verderblich und angebrochen sind, gekühlt werden. Hierzu gehören geöffnete Marmeladengläser sowie angebrochene Fruchtsäfte und Soßen. Auch sollten Sie in Essig gelagerte Lebensmittel wie Gurken, Paprika und Kohlgemüse keinesfalls vergessen. Bei den geöffneten Lebensmitteln ist besonders darauf zu achten, dass diese möglichst rasch wieder in den Kühlschrank zurückgestellt werden. Denn durch die Temperaturschwankungen bildet sich schnell Kondensflüssigkeit, die zur Schimmelbildung führen kann.

Auch Salate und einige Gemüsesorten, besonders diejenigen, die stark wasserhaltig sind wie Gurken, müssen im Kühlschrank gelagert werden. Und schließlich sind auch noch alle Speisereste, die von Ihren einzelnen Mahlzeiten übrig geblieben sind, in den Kühlschrank zu räumen. Diese sollten abfoliert oder luft- und aromadicht verpackt sein.

Welche Lebensmittel gehören aber nun nicht in den Kühlschrank? Brot sollte nicht im Kühlschrank verstaut werden. Es wird trocken. Angeschnittenes Brot am besten auf der Schnittfläche in einem Keramik- oder Tongefäß in der Küche lagern oder eingepackt in einer Papiertüte – nicht in einer Plastiktüte, sonst fängt es schnell an zu schimmeln.

Alle Lebensmittel mit einem sehr starken Eigengeruch wie Zwiebeln, Knoblauch, Schnittlauch und Bärlauch gehören ebenfalls nicht in Ihren Kühlschrank. Besonders fetthaltige Lebensmittel wie geschlagene Sahne und Kuchen nehmen diesen Geruch nur allzu schnell auf. Alle Obst- und Gemüsesorten, die natürlich nachreifen sollen, wie Tomaten, Bananen, Avocados und Zitrusfrüchte, haben nichts im Kühlschrank verloren. Sie büßen sehr viel von ihrem Aroma ein und werden fleckig oder braun.

VORSICHT VOR DEM REIFE-TURBO! Bei vielen Obstsorten und auch bei Tomaten gibt es eine Besonderheit, die es bei der Lagerung zu beachten gilt: Sie strömen das Reifegas Ethylen aus. Daher sollte Obst immer möglichst ohne einen direkten Nachbarn eingelagert werden. Das Reifegas der Äpfel und der Birnen zum Beispiel bewirkt bei anderen Früchten ein schnelles Nachreifen. Dadurch wird die Lagerfähigkeit des Obstes erheblich verkürzt. Bananen reifen in Rekordzeit und werden schnell braun und fleckig. Die große und dekorative Obstschale macht somit leider keinen Sinn.

GUTE NACHBARN, SCHLECHTE NACHBARN

Warum sind die Bananen so plötzlich braun geworden? Reifen manche Obst- und Gemüsesorten schneller als gedacht, überprüfen Sie, welche Nachbarn Sie ihnen da zugemutet haben.

Das Gas Ethylen, das bestimmte Obst- und Gemüsesorten verströmen, ist dafür verantwortlich, dass der Reifeprozess in unmittelbarer Nachbarschaft beschleunigt wird. Zum Obst und Gemüse, das am meisten Ethylen ausstößt, gehören: Äpfel, Avocados, Aprikosen, Feigen, Birnen, Nektarinen, Pfirsiche, Tomaten, Pflaumen, Mangos und Kiwis.

Sensibelchen, die besonders empfindlich auf das Gas reagieren, sind unter anderem: Möhren, Kohl, Salate, Bananen, Brokkoli, Auberginen, Pilze und Gurken. Tipp für Eilige: Nutzen Sie das Reifegas gezielt. Geben Sie im wahrsten Sinne des Wortes Gas, indem Sie Unreifes neben Ethylen verströmende Nachbarn legen, damit es rascher essbar ist.

Sonnenliebende und empfindliche Kräuter verlieren im Kühlschrank ihr Aroma, Basilikum wird fleckig und sieht nach der Kühlung verwelkt aus. Für Kartoffeln heißt es ebenso: Wir müssen draußen bleiben! Die Erdäpfel fangen wegen der hohen Luftfeuchtigkeit im Kühlschrank schnell an zu keimen.

Welche Lebensmittel gehören in den Vorratsschrank?

Alle nicht kühlpflichtigen und verpackten Lebensmittel, die im Supermarkt oder auf dem Wochenmarkt ohne Kühlung gekauft wurden, können ab in den Vorratsschrank. Das sind etwa Konserven, Zucker, Milch, Salz, Backzutaten, Grundnahrungsmittel wie Reis, Nudeln und Hülsenfrüchte. Auch Gewürze, Fertigsoßen, Instantprodukte, Kaffee, Tee, Kakao und Getränkepulver gehören dazu.
Die Gewürze stehen in vielen Küchen dekorativ in den Regalen. Gewürze sollten jedoch dunkel, kühl und trocken lagern. Oft werden sie in einem speziellen Gewürzschrank aufbewahrt, der in der Verkleidung der Dunstabzugshaube integriert ist. Das ist jedoch der denkbar ungünstigste Platz. Der Wasserdampf und die Wärme des Herdes haben keinen guten Einfluss auf die Qualität und Haltbarkeit der Gewürze. Wenn kein anderer Platz zu finden ist, sollten die Gewürze in absolut luftdichten Behältern aufbewahrt werden, die sie vor der hohen Luftfeuchtigkeit schützen.

Welche Lebensmittel gehören in den kühlen Keller?

Kartoffeln wurden früher in großen Mengen in Holzkisten, meistens im Keller, eingelagert. Damit sie nicht keimten, wurde ein keimhemmender Puder über die Kartoffeln gestreut. Heute gibt es ein großes Angebot von Früh- und Spätkartoffeln, dazu Kartoffeln vom europäischen Markt. Die Notwendigkeit, große Mengen einzulagern, ist somit nach und nach entfallen. Für eine möglichst lange Haltbarkeit der Kartoffeln gelten trotzdem folgende Tipps:

Kartoffeln sollten Sie kühl lagern. Die optimale Lagertemperatur liegt bei 4 bis 10 Grad Celsius. Lagern Sie die Knollen nicht im Plastikbeutel, die Feuchtigkeit führt zur Schimmelbildung. Am besten, Sie verzichten schon beim Kauf auf in Plastikbeuteln verpackte Kartoffeln. Kartoffeln müssen dunkel gelagert werden und sollten nicht in der Nähe von Obst liegen. Denn der Lichteinfluss und die Reifegase fördern die Keimbildung und führen zur Entstehung des Giftstoffes Solanin. Das Solanin sorgt auch dafür, dass die Kartoffeln grüne Stellen entwickeln. Diese müssen beim Schälen vollständig entfernt werden.

Selbst eingemachte Lebensmittel sollten immer im dunklen Keller gelagert werden. Denn da eingemachte oder eingekochte Lebensmittel in Gläsern aufbewahrt werden, sind sie lichtempfindlich. Auch Zitrusfrüchte und Obst, das nachreifen soll, gehören im Idealfall in den Keller. Fast alle Wintergemüse sind sehr gute Lagergemüse: zum Beispiel Kürbis, Rotkohl, Weißkohl, Steckrüben, Sellerie, Möhren oder Zwiebeln. Im Keller gelagert werden können außerdem Getränke, alle ultrahocherhitzten Lebensmittel wie H-Milch, H-Sahne und Ähnliches sowie Konservendosen und Obst oder Gemüse im Glas.

Und wie sieht es eigentlich mit Eiern aus? Eier haben einen natürlichen Schutzmantel und können bis zu vier Wochen gelagert werden. Dieses Lebensmittel tierischen Ursprungs wird mit einem Mindesthaltbarkeitsdatum von 28 Tagen vom Huhn gelegt. Erst 18 Tage nach dem Legedatum sollten Eier im Kühlschrank verstaut werden. Jedoch gibt es bei der Lagerung der Eier etwas zu beachten: Wenn Eier zu Beginn der Lagerung im Kühlschrank aufbewahrt werden, dann sollten sie bis zum Ende der Haltbarkeit gekühlt gelagert werden. Raus aus dem Kühlschrank und wieder rein in den Kühlschrank, das begünstigt die Bildung von Kondenswasser im Ei, wodurch die Haltbarkeit der Eier verringert wird. Wie bei allen Lebensmitteln mit einem Mindesthaltbarkeitsdatum (MHD) gilt:

MINDESTHALTBARKEITSDATUM KEIN VERFALLSDATUM. Auch bei Eiern gilt das, aber: Die Eier sollten nach Ablauf vollständig durchgegart werden. Eier also mindestens 12 Minuten kochen, wenn sie direkt aus dem Kühlschrank kommen. Für ein Rühr- oder Spiegelei: Das Ei aufschlagen – sehen und riechen. Wenn es keine Anzeichen des Verderbs zeigt, das Spiegelei von beiden Seiten braten und das Rührei vollständig durchgaren.

Konservendosen auf dem Prüfstand

Ob gehackte Tomaten, Ananas oder Linseneintopf: In der Konservendose sind sie jahrelang haltbar – und das, ohne aufwendig gekühlt werden zu müssen. Die zylinderförmigen Verpackungsklassiker sind eine unglaublich nützliche Erfindung, die aus unserem Alltag kaum mehr wegzudenken ist. Doch leider hat ihr guter Ruf in letzter Zeit erhebliche Beulen und Dellen abbekommen: Viele Lebensmittel aus Dosen sind stark mit einem Schadstoff belastet, der langfristig Ihre Gesundheit gefährden kann. Ganz konkret handelt es sich dabei um Bisphenol A (BPA) – eine hormonähnlich wirkende Substanz, die die Fruchtbarkeit beeinträchtigen sowie Leber und Nieren schädigen kann. Wie kommt der Schadstoff in die Konservendosen? Die Chemikalie BPA wird unter anderem zur Herstellung von Epoxidkunstharzen benutzt, die zur Innenbeschichtung der Dosen eingesetzt werden. Von dort kann die Substanz in die Lebensmittel übergehen.

WELCHE DOSENWARE IST BETROFFEN? Bei einem Test von 58 Lebensmittelkonserven im Mai 2024 wurde in 51 Produkten BPA gefunden. Untersucht wurden Suppen und Eintöpfe, Thunfisch, Kokosmilch, Tomaten, Erbsen-Möhren-Mischgemüse sowie Kondensmilch. Die gute Nachricht für Kaffeetrinker: Die Kondensmilch war als einzige Produktgruppe komplett BPA-frei. Tomaten und Mischgemüse waren tendenziell weniger belastet. Doch bei Eintöpfen und Suppen zeigte sich eine starke Schadstoffbelastung, was umso gravierender ist, da hier generell größere Mengen auf einmal verzehrt werden.

Insgesamt konnte bisher kein klarer Zusammenhang zwischen der Art des Doseninhalts und der BPA-Belastung ermittelt werden. Momentan sind sich Experten noch uneinig, welche Grenzwerte für den Schadstoff gelten sollen. Fest steht allerdings jetzt schon: Wenn Sie schadstoffbelastete Lebensmittel aus Dosen einmal oder ab und zu verzehren, ist das kein Problem, doch auf Dauer wird es zum Risiko.

Was können Sie also tun, um diese Gesundheitsgefahr für sich und Ihre Familie einzuschränken? Kochen Sie sooft es geht mit frischen Zutaten. Verwenden Sie bevorzugt Tiefkühlgemüse und -gerichte. Weichen Sie von Dosen auf Glaskonserven, Verbundkartons und Kunststofffolien aus – bei diesen Verpackungen kann kein BPA in die Nahrungsmittel übergehen. Wo können Sie noch mit BPA in gesundheitsgefährdenden Kontakt kommen? BPA wird zur Herstellung des Kunststoffs Polycarbonat (PC) benutzt. Achten Sie also beim Kauf von Geschirr, Trinkflaschen und Küchenzubehör darauf, Produkte zu wählen, die aus den BPA-Alternativen Polyethylen (PE), Polypropylen (PP), Glas oder Edelstahl bestehen. Der Teufel steckt im Detail: Wenn Hersteller damit werben, dass Ihr Produkt „BPA-frei" ist, kann es andere Bisphenole enthalten, die Sie ebenso vermeiden sollten. Ist das Produkt mit „Bisphenol-frei" ausgewiesen, können Sie bedenkenlos zugreifen.

Wenn Sie zur Riege der Heimwerker und Hobbybastler gehören und Kunstharze auf Epoxid-Basis verwenden, sollten Sie immer Schutzhandschuhe und Mundschutz tragen. Außerdem: Verwenden Sie den Bastelharz nicht zur Herstellung von Spielzeug oder Dingen, die mit Lebensmitteln in Berührung kommen. Ein letzter Hinweis: Trinkwasserleitungen, die mit Epoxidkunstharz saniert wurden, geben bedenkliche BPA-Mengen ab, wenn Warmwasser hindurchfließt. Trinken Sie Leitungswasser also am besten nur kalt.

Geld einsparen beim Kühlen und Gefrieren

Ordnung ist das halbe Leben. Das gilt besonders für Ihren Kühlschrank und Gefrierschrank.

Die Haltbarkeit der Lebensmittel hängt von der richtigen Lagertemperatur ab. Empfehlenswert sind +4 Grad Celsius im Kühl- und –18 Grad Celsius im Gefrierteil. Der Versuch, mit wärmeren Einstellungen Strom zu sparen, kann schnell misslingen, denn frühzeitig verdorbene Lebensmittel verursachen ebenfalls Kosten und zusätzliche Umweltbelastungen. Grundsätzlich gilt: Es gibt Temperaturzonen, die für das Lagern bestimmter Lebensmittel besonders geeignet

MIT KÖPFCHEN KÜHLEN

Von wegen überall gleich kühl: Im Kühlschrank gibt es oft Temperaturzonen. Etwas wärmer sind Tür- und Gemüsefächer, kälter die unterste Ablage und die hintere Wand.

1

Im unteren Bereich der Kühlschranktür herrscht die richtige Temperatur für geöffnete Milchpackungen und Getränke.

2

Ins oberste Fach kommt alles, was auch bei 8 bis 12 Grad Celsius frisch bleibt, etwa offene Marmeladengläser und Grillsoßen.

3

Mit ca. 4 Grad Celsius ist der mittlere Bereich der richtige Ort für Milchprodukte wie Käse, Sahne, Quark, Joghurt und Frischkäse.

4

Die untere Glasplatte ist mit etwa 2 Grad Celsius optimal für Fleisch und Wurst sowie für Fisch und Speisen mit rohen Eiern.

5

Obst und Gemüse bleiben bei ungefähr 8 Grad Celsius und hoher Luftfeuchtigkeit in Extrafächern im untersten Bereich frisch.

sind (siehe Grafik links). Immer mehr Geräte verfügen jedoch inzwischen über eine aktive Luftumwälzung. Ein sichtbarer oder versteckter Ventilator sorgt dafür, dass es kaum zu Temperaturschichtungen in den Ablagen kommt und man sich nicht mehr überlegen muss, was wohin soll.

Die goldenen Kühlschrankregeln

Dennoch gibt es einige Tipps und Regeln für mögliche Einsparungen beim Kühlen und Gefrieren: Grundsätzlich verbraucht ein voller Kühlschrank weniger Energie als ein leerer. Beim Öffnen eines vollen Kühlschranks gelangt weniger warme Umgebungsluft in den Kühlraum, somit muss weniger Luft heruntergekühlt werden. Dasselbe gilt für den Gefrierschrank.

Legen Sie gegebenenfalls nicht kühlpflichtige Lebensmittel, die die Kühlung vertragen, in den Kühlschrank, wenn Sie längere Zeit nur wenige Lebensmittel kühlen möchten. Stopfen Sie aber andererseits den Kühlschrank auch nicht zu voll, sonst kann die Luft beziehungsweise Kälte nur schlecht zirkulieren.

Halten Sie Ordnung im Kühlschrank. Je weniger Sie suchen müssen, desto schneller können Sie die Tür wieder schließen und Sie verbrauchen weniger Kühlenergie. Hierzu ein Tipp: Sie haben eine große Anzahl kleiner Gläser im Mittelteil Ihres Kühlschranks gelagert. Die Fächer in der Tür sind schon belegt. Stellen Sie diese Gläser auf ein Tablett oder auf einen Drehteller in Ihrem Kühlschrank. Mithilfe dieses Lebensmittelkarussells finden Sie das, was Sie gerade brauchen, sehr viel schneller, und der Kühlschrank muss nur für kurze Zeit geöffnet werden.

Gekühlte Lebensmittel sind nicht unbegrenzt haltbar. Räumen Sie immer die alten Lebensmittel nach vorne, die neu gekauften nach hinten – auch im Froster und im Vorratsschrank. Auf diese Weise verhindern Sie, das sich da ganz unbemerkt „Schrankleichen“ bei Ihnen ansammeln.

Verpacken Sie alle Lebensmittel luftdicht. Dadurch kann nichts austrocknen oder den Geruch des Kühlschranks annehmen. Luftdicht eingeschweißt halten sich viele Lebensmittel länger als mit Sauerstoffkontakt, im Gefrierschrank gibt es keinen Gefrierbrand. Verwenden Sie zum Frischhalten Ihrer Lebensmittel, insbesondere säurehaltiger Lebensmittel, keine Alufolie! Diese reagiert oft mit säurehaltigen Lebensmitteln. Das Aluminium geht in die Speisen über. Am besten verwenden Sie grundsätzlich luftdichte Gefäße aus Kunststoff oder aus Glas mit einem Schraubverschluss oder ein Einmachglas mit einem Glasdeckel. Speisereste können Sie darin in der Mikrowelle wieder aufwärmen. Das Verpackungsmaterial nutzen Sie dann als Kochgeschirr. Mit dieser Doppelfunktion sparen Sie zudem Spülgut.

Versehen Sie alle geöffneten Lebensmittel mit einem Öffnungsdatum und alle Speisereste mit einem Einstelldatum. Das geht entweder mit einem Aufkleber oder Sie schreiben das Datum auf die Frischhaltefolie oder direkt auf die Verpackung. Damit kontrollieren Sie, welche Lebensmittel zuerst verbraucht werden müssen.

Achten Sie darauf, dass weder Kühl- noch Gefrierschrank vereisen. Ein vereistes Gerät verbraucht sehr viel mehr Energie. Heute haben die meisten Geräte eine Abtauautomatik und sind daher oft wartungsfrei. Ansonsten müssen Sie zum Abtauen und Reinigen den Kühlraum vollständig entleeren. Lagern Sie in diesem Fall die Lebensmittel in einer Kühl- oder Isoliertasche. Zur Not nehmen Sie einen großen Pappkarton. Füllen Sie dabei die Leerräume zum Beispiel mit Zeitungspapier. Vermeiden Sie so weit wie eben möglich eine lange Unterbrechung der Kühlkette.

STROMFRESSER IM VISIER: Im Frühjahr 2024 hat die Stiftung Warentest 25 frei stehende Kühl-Gefrier-Kombinationen untersucht. Gute Geräte erhalten Sie bereits ab 600 Euro. Genauso wichtig ist es jedoch, auf einen niedrigen Stromverbrauch zu achten. Nur dann können Sie Ihr Sparpotenzial voll ausschöpfen und die Umwelt schonen. Über eine Nutzungszeit von insgesamt 15 Jahren ergeben sich enorme Unterschiede: Die Stromkosten der unterschiedlichen Modelle schwanken zwischen 910 und 2080 Euro. Mehr dazu erfahren Sie auf test.de unter dem Stichwort „Kühl-Gefrier-Kombi".

Platzieren Sie Ihren Kühl- oder Gefrierschrank weit entfernt von allen Wärmequellen in der Küche. Der Herd direkt neben dem Kühlschrank treibt die Kosten für die Kühlung nach oben. Achten Sie auch darauf, dass die entstehende Warmluft des Kühlschranks ungehindert entweichen kann und sich nicht hinter dem Kühlgerät staut. Auch dies sorgt für erhöhte Energiekosten. Nicht einfrieren sollten Sie Salate, stark wasserhaltige Gemüse und Obst wie Gurken, Melonen oder Zitrusfrüchte. Packen Sie Gefriergut auf keinen Fall unverpackt in die Kühltruhe beziehungsweise das Gefrierfach. Folgende Materialien eignen sich, um Ihre Lebensmittel vor dem Einfrieren zu verpacken:

Tipps für das Einfrieren

Vakuumbeutel: Für Vakuumiergeräte sind spezielle Beutel nötig. Deren strukturierte Folie sorgt dafür, dass die Folienwände nicht aneinanderhaften. Nur so ist das Absaugen möglich. Gesundheitlich sind die Folien kein Problem. Es gehen keine bedenklichen Schadstoffmengen ins Essen über. Allerdings belasten die Vakuumbeutel die Umwelt. Sie kosten pro Stück 35 bis 60 Cent. Immerhin können sie ausgewaschen wiederverwendet werden – wenn sie nicht zu stark verschmutzt sind. Vorsicht jedoch bei rohem Fisch und Fleisch.

Frischhaltefolie: Sie ist gefrierstabil und reißt nicht bei Kälte. Damit kann das Gefriergut eng umwickelt werden, dadurch gelangt wenig Luft an das Gefriergut.

Kunststoffdosen: Sie lassen sich gut stapeln, sorgen somit für eine gute Übersicht und Ordnung, sie sind luftdicht und Einfrieretiketten können leicht angebracht werden.

Gläser: Der Inhalt ist sofort zu erkennen. Aber Vorsicht: Gläser nie bis zum Rand befüllen, das Gefriergut dehnt sich beim Einfrieren aus und das Glas könnte platzen.

Papier: Ihre Frühstücksbrötchen können Sie direkt in der Bäckertüte einfrieren. Wenn Sie Ihr Brot selbst backen, können Sie die geschnittenen Brotscheiben in beliebiger Portionsgröße in Pergamenttüten einfrieren. So haben Sie immer frisches Brot in der Menge, die Sie brauchen. Sie müssen kein ganzes Brot einfrieren oder auftauen.

Alufolie ist nicht zum Einfrieren geeignet. Sie reagiert mit säurehaltigen Lebensmitteln. Das Aluminium geht in das Gefriergut über. Zudem besteht immer die Gefahr, dass die Alufolie bricht und Risse bekommt. Die einströmende Luft schädigt das Gefriergut. Aus ökologischer Sicht ist Alufolie in der Küche ohnehin nicht zu empfehlen.

Auch Wachstücher empfehlen wir nicht: Die Tücher sind aus Baumwolle, die mit Bienenwachs und oft noch Jojobaöl imprägniert werden. Das Bundesinstitut für Risikobewertung (BfR) gibt zu bedenken, dass die Imprägnierhilfen auf Speisen übergehen könnten. Jojobaöl habe nichts in Lebensmitteln zu suchen und solle nicht für die Tücher verwendet werden. Bienenwachs ist zwar als Zusatzstoff erlaubt, doch gerade fettige Speisen können viel davon aufnehmen. Kritisch ist das, wenn das Wachs schadstoffbelastet ist. Auch Keime können zum Problem werden: Mit der Zeit können sich auf dem Tuch Bakterien ansiedeln, laut BfR entfernt lauwarmes Spülwasser diese nicht zuverlässig.

Lebensmittel sollte man niemals heiß einfrieren. Es bilden sich große Eiskristalle, die das Gefriergut zerstören. Beim Auftauen verliert das Gefriergut danach viel Wasser oder Feuchtigkeit. Lassen Sie warme Speisen, die Sie einfrieren möchten, zunächst außerhalb des Kühlschranks vollständig abkühlen und kühlen Sie das Gefriergut dann vor dem Einfrieren im Kühlschrank weiter herunter. Damit vermeiden Sie auch höhere Energiekosten, besonders dann, wenn Sie größere Mengen auf einmal einfrieren möchten.

Wenn Sie Ihr selbst geerntetes Gemüse einfrieren möchten, sollten Sie es direkt so zurechtschneiden, wie Sie es später verwenden wollen. Gemüse enthält viel Wasser. Damit Ihr Gemüse auch nach dem Auftauen die Farbe und die Struktur behält, können Sie es vor dem Einfrieren blanchieren. Dazu das geputzte und geschnittene Gemüse in sehr viel kochendem Salzwasser für 30 Sekunden blanchieren, danach mit einer Siebkelle in Eiswasser abschrecken und abschütten. Durch das Blanchieren passiert das, was die meisten bei der Fleischgarung als das „Schließen der Poren" bezeichnen. Fleisch und Gemüse haben zwar keine Poren, aber das Eiweiß auf der Oberfläche gerinnt und verschließt die Oberfläche. Dadurch behält das Gemüse die Farbe und Struktur. Bei der Weiterverarbeitung nach dem Auftauen haben Sie dann den Vorteil, dass das Gemüse schon ein wenig vorgegart ist. Die Energie, die Sie für das Blanchieren investieren mussten, verkürzt jetzt die Garzeit. Sie können grundsätzlich alle Gemüse, egal ob blanchiert oder nicht, im gefrorenen Zustand direkt weiterverarbeiten.

Gefrierbrand können Sie dadurch vermeiden, dass Sie immer so wenig Luft wie möglich in das Gefriergefäß hereinlassen. Daher ist das Vakuumieren beim Einfrieren der Königsweg. Wenn Sie kein Vakuumiergerät haben, drücken Sie vor dem Verschließen so viel Luft wie eben möglich aus dem Gefrierbeutel. Ein Rest Sauerstoff wird

AUF DIE EFFIZIENZ-KLASSE KOMMT ES AN

Die Effizienzklasse verrät Ihnen auf den ersten Blick, ob das Elektrogerät ein Stromfresser oder ein Sparweltmeister ist.

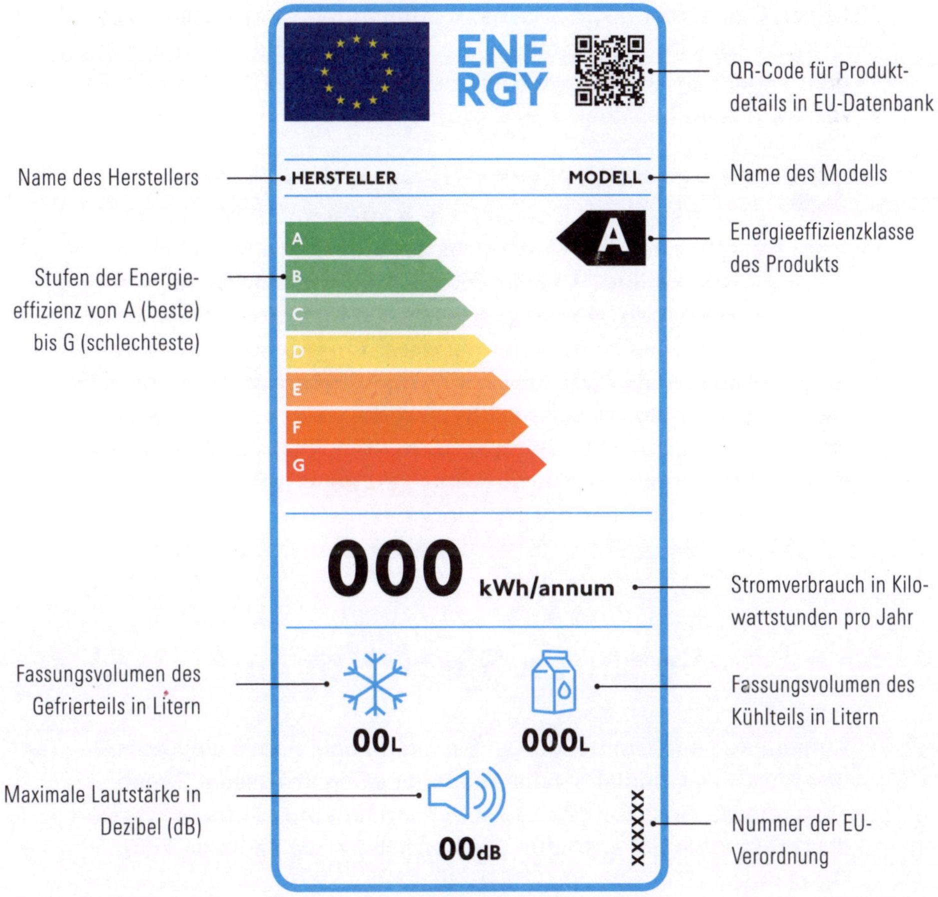

ohne Vakuumiergerät allerdings immer im Beutel bleiben. Damit kein Gefrierbrand entsteht, ist es besonders wichtig, dass der Gefrierschrank immer die gleiche Temperatur von minus 18 Grad Celsius hält. Große Temperaturschwankungen führen zur Bildung von Eiskristallen, die das Gefriergut zerstören.

Halten Sie Ordnung im Gefrierschrank. Kennzeichen Sie alles mit einem Etikett und dem Einfrierdatum. Beim Einfrieren gilt die gleiche Regel wie im Kühlschrank und im Vorratsschrank: Die neuen Lebensmittel nach hinten, die alten nach vorne. Je schneller Sie die Ware finden, desto schneller können Sie die Tür wieder schließen. Die Temperaturen bleiben konstant und Sie sparen Energie und verhindern Gefrierbrand.

Achten Sie beim Kauf eines neuen Gefrierschranks darauf, dass die heutigen Energienormen eingehalten werden können. Kaufen Sie keinen Gefrierschrank, der keine Abtauautomatik hat. Stellen Sie sich vor, dass Ihr Gefrierschrank bis zum Rand gefüllt ist und trotzdem unbedingt abgetaut werden muss. Wo wollen Sie dann die Gefrierware zwischenlagern?

JE NACH NUTZERTYP. In einem Test von 16 Gefrierschränke und 4 Gefriertruhen aus dem Frühjahr 2023 zeigte sich: Am effizientesten laufen große Gefrierschränke über 1 Meter Höhe. Alle, die jedoch nur wenig Platz haben, finden geeignete Kleingeräte ab 400 Euro. Wer Riesenmengen an frischem Obst und Gemüse verstaut, achtet auf eine schnelle Einfrierfunktion, die Aroma und Konsistenz schützt. Weitere Informationen finden Sie auf test.de unter dem Stichwort „Gefriergeräte". Dort können Sie Ihr Idealmodell nach Größe, Stromverbrauch und Art der Nutzung herausfiltern.

So tauen Sie richtig auf

Aufgetaute Lebensmittel dürfen Sie nicht noch einmal einfrieren. Irgendwann ist einmal Schluss, dann ist sinngemäß jede Zitrone ausgepresst: Nochmaliges Einfrieren und erneutes Auftauen zerstört die Struktur der Lebensmittel, die Konsistenz, die Farbe und den Geschmack.

Fleisch taut man am besten im Kühlschrank auf. Also müssen Sie das Fleisch, je nach Größe, gegebenenfalls schon einen ganzen Tag vor der geplanten Zubereitung in den Kühlschrank packen. Legen Sie das Fleisch in ein verschließbares, luftdichtes Gefäß, am besten mit einer Siebeinlage, damit die Auftauflüssigkeit abtropfen kann. Wenn es doch einmal schnell gehen muss, können Sie das Fleisch in kaltem Wasser auftauen – allerdings unbedingt in einem dichten Plastikbeutel. Das Fleisch sollte auf keinen Fall ohne eine Verpackung in das Wasser gelegt werden. Aber Vorsicht: Fleisch zum schnellen Auftauen niemals in heißes Wasser legen! Damit zerstören Sie die Zellstrukturen, das Fleisch verliert danach beim Garen ein Vielfaches seines Fleischsaftes. Die traurige Folge: Das Fleisch wird trocken. Zudem besteht die Gefahr, dass das Fleisch beim Auftauen in heißem Wasser angegart wird. Was die Hygiene angeht, ist heißes Wasser ebenfalls keine gute Idee, weil es die Keimbildung ankurbelt. Mehr Arbeit ist nicht nötig: Das aufgetaute Fleisch muss vor der Weiterverarbeitung nicht abgewaschen werden (siehe den nächsten Absatz zum Auftauen von Geflügel). Für das Auftauen von Fisch gelten die gleichen Empfehlungen wie beim Fleisch. Beim Fisch verbietet sich auf jeden Fall das Auftauen in heißem Wasser. Das Fischeiweiß gerinnt ab 40 Grad Celsius, der Fisch wäre danach leider nur noch als Katzenfutter zu verwerten.

Beim Auftauen von Geflügel ist ganz besonders auf die notwendige Hygiene zu achten! Geflügelprodukte sind laut Bundesamt für Risikobewertung häufig mit dem Durchfallerreger Campylobacter behaftet. Bei den Auftauempfehlungen handelt es sich um die gleichen wie beim Fleisch und Fisch. Allerdings ist hier ein wirklich geschlossenes, mit einem Abtropfsieb versehenes Gefäß zwingend notwendig, um die Geflügelteile im Kühlschrank auftauen zu können. Zur Weiterverarbeitung muss das Geflügel nicht abgewaschen werden. Achtung: Beim Berühren des Fleisches mit den Händen und beim Abspülen des Fleisches unter dem Wasserhahn können Sie Bakterien über Ihre Hände oder mit den Wasserspritzern in der Küche verteilen. Nehmen Sie deshalb das Fleisch besser direkt mit einer Zange aus der Verpackung. Die Arbeitsfläche mit einem Küchenpapier auslegen, das Fleisch darauf legen und mit weiterem Küchenpapier trocken tupfen. Das Auftaugefäß anschließend heiß abwaschen und am besten sofort in die Spülmaschine stellen. Die Spülmaschine sollte dann unbedingt im Intensivprogramm laufen. Eco- und Automatikprogramme sind nicht heiß genug, um die Bakterien abzutöten. Achten Sie auch darauf, dass sie beim Abspülen kein Spritzwasser weiträumig im Spülbereich verteilen. Nach der Verarbeitung von Geflügelprodukten ist es ungemein wichtig, alle Arbeitsmittel, Schneidebretter und die Arbeitsfläche gründlich mit heißem Wasser zu reinigen.

BESONDERE VORSICHT: Auch wenn Sie Hackfleisch auftauen, müssen Sie strenge Hygienemaßnahmen beachten. Vor allem eins: Das Hackfleisch immer nur im Kühlschrank auftauen. Aufgetautes Hackfleisch ist auf jeden Fall durchzugaren.

Waschen Sie Ihre Hände sorgfältig mit Seife und warmem Wasser. Essigsäure ist ein hervorragendes Reinigungsmittel für alle glatten Oberflächen in der Küche, die mit dem Fleisch- oder Geflügelwasser in Verbindung gekommen sind. Außerdem kann eine Reinigung mithilfe des Essigs angesammelte Keime und schädliche Bakterien aus rohem Fleisch auch von den Schneidebrettern entfernen. Dazu gibt man etwas Essig auf die Schneidefläche und verreibt es mit einem sauberen Tuch. Nach einigen Minuten Einwirkzeit das Schneidebrett unter klarem Wasser abspülen und trocknen. Diese Art und Weise der Reinigung ist auch für Holzbretter geeignet. Eine Reinigung mit Salz ist für Holzbretter hingegen nicht empfehlenswert. Der Grund: Das Salz entzieht dem Holz die Feuchtigkeit. Dies führt früher oder später unwiderruflich zur Beschädigung der Oberflächenstruktur.

Frostige Tipps für Feinschmecker

Kräuterwürfel: Das Basilikum ist reif in großen Mengen. Was tun? Das Basilikum zupfen, mit Olivenöl, Öl oder Wasser aufmixen, in den Eiswürfelbehälter einfüllen und einfrieren. So erhalten Sie kleine Öl-/Wasser-Kräuterwürfel. Füllen Sie diese in ein luftdichtes Gefäß um. So können Sie, auch weit nach Ihrer Ernte, Küchenkräuter als Würfel in Ihre Speisen geben. Dieser Trick gilt für alle Küchenkräuter.

Soßenwürfel: Kochen Sie häufiger aufwendige und teure Grundsoßen, kräftig reduziert und daher sehr gehaltvoll und teuer? Verwenden Sie den gleichen Trick wie bei den Kräutern – ab damit in den Eiswürfelbehälter. So können Sie jeder Soße Ihren eigenen Geschmack geben.

Fruchtwürfel: Eiswürfel kann jeder. Leider verwässern sie die Getränke. Die Lösung: Fruchtsäfte in den Eiswürfelbehälter und die Eiswürfel haben Geschmack. Das funktioniert aber nur dann, wenn der Zuckergehalt nicht zu hoch ist. Orangenkonzentrate als Würfel können daher nicht hergestellt werden, da der hohe Zuckeranteil das Einfrieren als fester Würfel verhindert.

Saure Würfel: Haben Sie den Abrieb von Zitronen- oder Limettenschale zum Kochen oder Backen verwendet? Die Frucht ist dann nicht mehr lange lagerfähig. Darum auch hier: Die Zitrone oder Limette auspressen, den Saft durchsieben und in möglichst kleine Eiswürfelbehälter füllen und einfrieren. Auch zum Kochen haben Sie dann immer schnell etwas Säure zur Verfügung.

So schützen Sie Ihre Lebensmittel

Insekten und Schädlinge in der Küche können eine echte Heimsuchung sein. Unter freiem Himmel kann die Sonne Ihren Speisen den Garaus machen.

Den meisten sind sie ein Graus, aber: Mit Insekten und kleinen Schädlingen wie Silberfischen, Milben, Motten, Ameisen, Fruchtfliegen oder Mehlwürmern müssen wir uns leider arrangieren. Manche sind schon vor uns in die Wohnung oder in das Haus eingezogen. Dazu besteht immer die Möglichkeit, dass wir diesen Tieren durch den täglichen Einkauf ungewollt ein neues Heim schaffen. Schädlinge können mit den gekauften Lebensmitteln, in der Einkaufstasche, auf unserer Haut oder in unseren Haaren zu uns nach Hause „getrampt“ sein.

WENN ES BEI IHNEN KREUCHT UND FLEUCHT

Gegen lästiges Getier kursieren zahlreiche Hausmittel. Wissenschaftlich belegt sind sie nicht – aber einen Versuch ist es wert.

FLIEGEN
sollen sich fernhalten, wenn man eine Schale mit Essig im Zimmer aufstellt. Oder: Basilikum im Topf ans Fenster stellen.

FRUCHTFLIEGEN
lassen sich in eine Schale mit Wasser, Obstessig und etwas Spüli locken. Spüli verringert die Oberflächenspannung des Wassers, sodass sie ertrinken.

KELLERASSELN
fängt man mit etwas Weingeist in einer Flasche. Die Asseln lieben Alkohol, kriechen herein und werden betäubt. Die Flaschen täglich leeren.

KÜCHENSCHABEN
sollen verschwinden, wenn man Gurkenschalen in ihre Schlupfwinkel steckt. Oder: Eine Schüssel gekochter Kartoffeln mit Gras bedeckt als Falle aufstellen.

LEBENSMITTELMOTTEN
lassen sich angeblich durch Lorbeerblätter, Gewürznelken oder Zitronenmelisse abschrecken.

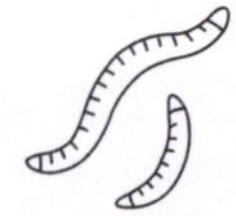

MADEN
sollen nicht in den Käse kommen, wenn man ihn mit Nussbaum- oder Johannisbeerblättern einwickelt.

MÄUSE
werden vertrieben, wenn man Kampfer in ihre Löcher streut oder getrocknete, fein gestoßene Oleanderblätter mit trockenem Sand vermischt.

MILBEN
werden angeblich abgetötet, wenn betroffene Stellen öfter mit Knoblauch- oder Zwiebelsud begossen werden.

MOTTEN
vertreibt man vielleicht durch getrocknete Orangenschalen oder getrockneten Steinklee in einem Stoffbeutel zwischen den Kleidern im Schrank.

Auch wenn wir die Tierchen nie ganz loswerden können: Der Kniff besteht darin, sie nicht überhandnehmen und die eingelagerten Lebensmittel verderben zu lassen. Sie können noch so gut putzen – Sie werden nie alle Schädlinge erwischen. Das hat in der Regel auch nichts damit zu tun, dass ein Haushalt nicht genügend gepflegt wird. Wenn Sie bei einer Renovierung Ihrer Küche nach vielen Jahren einmal alle Schränke von den Wänden ziehen, werden Sie Ihr blaues Wunder erleben, was alles zum Vorschein kommt und wer oder was für lange Zeit unentdeckt mit Ihnen zusammengelebt hat.

Trotzdem können Sie geeignete Gegenmaßnahmen ergreifen: Überprüfen Sie, wann immer es geht, Ihren Vorratsschrank auf einen möglichen Befall. Entfernen Sie sofort alle beschädigten Verpackungen, bei denen Spuren anzeigen, dass ein Schädling eingedrungen ist. Packen Sie diese Lebensmittel in einen fest verschlossenen Müllbeutel und entsorgen Sie ihn im Hausmüll, nicht im Abfalleimer in der Küche. Putzen Sie Ihre Vorratsschränke regelmäßig aus. Putzen Sie Ihre Vorratsdosen ab, bevor Sie diese in den Vorratsschrank stellen. Kurzum: Beseitigen Sie alle Nahrungsgrundlagen der Schädlinge. Haben Ameisen den Weg in Ihre Küche oder in Ihr Haus gefunden, sollten Sie einen Kammerjäger engagieren. Ameisen werden Sie selten ohne professionelle Hilfe vertreiben oder bekämpfen können. Montieren Sie ein Fliegengitter am Küchenfenster. Decken Sie das Obst mit einem Tuch oder einer Tortenhaube ab. Kontrollieren Sie Küchenkräuter im Pflanztopf, bevor Sie diese in die Küche stellen. Der Balkon wäre dafür ohnehin der bessere Platz.

So bleibt das Outdoor-Vergnügen ungetrübt

Endlich Sommer! Wir können wieder draußen essen, auf der Terrasse, auf dem Balkon oder im Garten. Der Haken dabei ist, dass es im Sommer ständig wärmer ist als in unserem Kühlschrank und im Vorratsschrank. Draußen erst recht, dazu kommt noch die direkte Sonneneinstrahlung. Sie müssen also immer daran denken, dass alle Lebensmittel, die lange diesen Temperaturen ausgesetzt werden, schnell verderben können. Die Kühlkette wurde zu lange unterbrochen. Aber deswegen lassen wir uns den Spaß nicht verderben. Mit einigen Tricks können Sie größeren Schaden verhindern:

Schützen Sie Ihre Lebensmittel vor direkter Sonneneinstrahlung. Wurst und Schnittkäse sehen schon nach wenigen Minuten sehr unappetitlich aus. Decken Sie die Lebensmittel möglichst mit einer Haube (Tortenhaube, sauberes Geschirrtuch) ab. Servieren Sie empfindliche und dünn geschnittene Lebensmittel wie Wurst und Käse auf vorgekühlten Platten oder Tellern. Für das Frühstück können Sie die Wurst- oder Käseplatte schon am Vorabend vorbereiten und über Nacht in den Kühlschrank stellen. Die Platte beziehungsweise der Teller funktionieren dann als Kühl-Akku.

Portionieren Sie die Butter fürs Frühstücksbrötchen in kleine Würfel, anstatt ein großes Stück Butter auf den Tisch zu stellen. Stellen Sie die Joghurtbecher in eine Schüssel mit Eiswürfeln. Servieren Sie Säfte und Milch in gekühlten Thermoskannen.

Drei Konfitüren auf dem Tisch – jede Konfitüre bekommt einen eigenen Löffel. Vermeiden Sie es, mit einem benutzten Löffel oder Messer Lebensmittel zu portionieren oder aus dem Gefäß beziehungsweise vom Stück zu entnehmen. Stichwort Allergie: So meiden Sie eine Kreuzkontamination. Die Lebensmittel bleiben dadurch ebenfalls vor einer Verkeimung geschützt. Tragen Sie nicht zu viele Lebensmittel auf. Verwenden Sie lieber kleine Portionen und legen Sie bei Bedarf nach. Parken Sie gegebenenfalls die Lebensmittel in einer Kühltasche, quasi als Kühlschrank am Tisch.

Alle tierischen Produkte, die Sie draußen nicht essen, wären eigentlich ein Fall für die Mülltonne. Kennzeichnen Sie diese Lebensmittel gegebenenfalls so, dass Sie und andere erkennen können, dass sie für eine lange Zeit nicht gekühlt wurden, zum Beispiel mit dem Hinweis: „Riechen und zuerst verbrauchen."

Tragen Sie am Grillabend empfindliche und leicht verderbliche Lebensmittel erst unmittelbar vor dem Essen in kleinen Schüsseln oder auf kleinen Platten auf. Lieber dreimal einen Salat nachsetzen, als die Reste einer großen Schüssel in der Mülltonne entsorgen.

Grillexperten empfehlen, das Grillfleisch mindestens eine Stunde vor dem Grillen aus dem Kühlschrank zu holen. Es soll schon Zimmertemperatur annehmen. Dann geht die Temperatur des Grills nicht so stark runter, wenn das Grillgut draufkommt. Aber: Holen Sie das Grillfleisch oder den Fisch immer erst unmittelbar vor dem Grillen aus dem Haus! Auch hier gilt: Lieber einmal mehr für Nachschub sorgen. Nicht alles Grillgut auf einmal nach draußen tragen.

Fertig gekaufte Grillsoßen, Salatsoßen, Senf, Ketchup und so weiter sind nicht so empfindlich. Diese Produkte strotzen in der Regel vor Konservierungsmitteln. Zudem sind sie meistens pasteurisiert oder homogenisiert. Verschlossen können Sie diese im Kühlschrank lagern. Wenn Sie diese Vorsichtsmaßnahmen berücksichtigen, steht dem Sommervergnügen nichts mehr im Weg – viel Spaß dabei.

„Mindestens haltbar bis …" endlich erklärt

Das Wichtigste zu guter Letzt: Wir bringen Licht ins Mysterium Mindesthaltbarkeitsdatum und erforschen all seine Untiefen!

Sagenumwoben und doch immer wieder nicht oder falsch verstanden: das allmächtige Mindesthaltbarkeitsdatum (MHD). Aufgrund des Nichtverstehens landen viel zu viele einwandfreie Lebensmittel in der Mülltonne. Pro Kopf und Jahr werfen die Menschen in Deutschland etwa 78 Kilogramm Lebensmittel weg. Vieles davon wäre noch genießbar. Es ist also höchste Zeit, sich einmal etwas genauer mit diesem Begriff auseinanderzusetzen.

Was sagt das Mindesthaltbarkeitsdatum eigentlich aus? Das MHD gibt den Zeitpunkt an, bis zu dem der Hersteller garantiert, dass das ungeöffnete Lebensmittel bei durchgehend richtiger Lagerung seine spezifischen Eigenschaften wie Geruch, Farbe, Konsistenz, Geschmack und Nährwert behält. Kurz gesagt: Das Lebensmittel ist so, wie der Hersteller es sich gedacht und produziert hat.

Kann man ein Lebensmittel unmittelbar oder zeitnah nach Ablauf des MHD noch essen? Klare Antwort: Ja! Wenn die Verpackung unbeschädigt ist und das Lebensmittel vorschriftsmäßig gelagert worden ist. Schalten Sie einfach Ihre Sinne ein! Das MHD ist kein Verbrauchsdatum und auch kein Verfallsdatum. Es gibt sehr viele Lebensmittel, die noch nach Monaten oder sogar Jahren ohne Bedenken gegessen werden können. Nehmen Sie ein sehr krasses Beispiel: das Speisesalz. Es liegt oft schon seit Tausenden von Jahren in der Erde oder es ist im Meerwasser gelöst. Jetzt kommt es in einer anderen Textur zu uns in den Supermarkt, natürlich auch mit einem MHD, so wie es sich gehört. Jetzt stellen Sie sich selbst die Frage: Was könnte das Salz zum Verderben bringen? Die Antwort: nichts. Damit wird die Sache mit dem MHD für viele Verbraucher leider nicht einfacher verständlich.

Sehen, riechen, schmecken

Wie lässt sich feststellen, ob ein Lebensmittel nach Ablauf des MHD noch gegessen werden kann? Nutzen Sie Ihre Sinne und folgen Sie der Vorgabe „Sehen – riechen – schmecken"! Überprüfen Sie, ob die Verpackung unbeschädigt ist und ob das Lebensmittel bis zu diesem Zeitpunkt richtig gelagert worden ist. Öffnen Sie die Verpackung und überprüfen Sie, ob Sie irgendetwas Ungewöhnliches an der Farbe oder an der Konsistenz feststellen können.

Überprüfen Sie mit der Nase, ob Sie einen ungewöhnlichen Geruch feststellen können, der von der Norm abweicht. Das tut nicht weh! Probieren Sie das Lebensmittel. Das ist leider für viele Verbraucherinnen und Verbraucher die größte Hürde. Viele fürchten, sie wären dann vergiftet oder ihnen würde sofort schlecht, sie bekämen Durchfall oder weiß der Teufel was sonst noch alles. Keine Angst: Nehmen Sie eine Probe auf einen Löffel und lassen Sie das Lebensmittel auf der Zunge zergehen. Es dauert einige Sekunden, bis alle Geschmackspapillen auf der Zunge den Geschmack erfasst haben. Zudem können Sie mit der Zunge auch die Konsistenz beurteilen. Wenn etwas sauer geworden ist, gerade Milchprodukte, brennt es ein wenig auf der Zunge, ein Gefühl wie Zitrone. Mehr nicht – davon stirbt kein Mensch. Bemerken Sie, dass das Lebensmittel nicht mehr in Ordnung ist, spucken Sie es aus und spülen Sie den Mund mit Wasser aus. Sie werden rasch feststellen, dass Sie noch leben. Noch einmal zur Sicherheit und für Ihren Geldbeutel: Durch das Probieren eines Lebensmittels nach dem Ablauf des MHD werden Sie nicht krank, Sie können aber so gut wie immer viel Geld einsparen.

Was gilt in Sachen MHD im Supermarkt? Dürfen Lebensmittel nach Ablauf des MHD weiter verkauft werden? Klare Antwort: Ja! Der Händler im Supermarkt steht jedoch nach Ablauf des MHD in der Verantwortung, der Hersteller hat danach seine Pflicht getan. Es besteht kein Verkaufsverbot, weil mit dem Erreichen des MHD das Lebensmittel nicht automatisch verdorben ist. Der Händler muss aber im Rahmen seiner Sorgfaltspflicht sicherstellen, dass die Ware einwandfrei ist. Ganz im Gegensatz zum Verbrauchsdatum, das Sie auf sehr schnell verderblichen Lebensmitteln wie abgepacktem Hackfleisch, frischem Fleisch oder abgepackten Blattsalaten finden: Diese Lebensmittel müssen vernichtet werden. Es besteht die Gefahr, dass sie hochgradig mit gesundheitsschädigenden Keimen belastet sind. Darum darf ein Lebensmittel über das Verbrauchsdatum hinaus auch nicht mehr gegessen werden!

Wie lange sind eingekochte Lebensmittel haltbar?

Diese Frage ist nicht pauschal zu beantworten. Das hängt davon ab, was Sie eingekocht haben, wie Sie es eingekocht haben und wie die klimatischen Bedingungen in Ihrem Keller aussehen. Was passiert eigentlich beim Einkochen? Die Lebensmittel werden erhitzt und unter Vakuum eingelagert. Sauerstoff kann den Lebensmitteln schon einmal nichts mehr anhaben, es kann nichts mehr oxidieren. Haben Sie Gemüse eingemacht? Dann ist immer Essig mit im Spiel. Dieser begünstigt die Konservierung. Je mehr Essig, desto länger die mögliche Lagerzeit. Kochen Sie Konfitüren ein, bestimmt der Zuckeranteil die Haltbarkeit und auch die mögliche Veränderung der Farbe. Konfitüren, die 1:1, also mit einem Teil Zucker und einem Teil Frucht eingekocht wurden, haben eine längere Haltbarkeit als Konfitüren, die 1:2 oder 1:3 eingekocht wurden. Je höher der Zuckeranteil, desto länger bleibt die Farbe stabil. Die Temperatur im Keller bestimmt in besonderem Maße die Haltbarkeit. Eine konstant gleichbleibende Temperatur über das ganze Jahr verlängert ebenso die Haltbarkeit. Ein dunkler Keller schützt die eingemachten Lebensmittel vor Farbveränderungen durch den fehlenden Lichteinfall. Die Haltbarkeit von zwei Jahren ist in der Regel immer gegeben. Auch hier gilt wieder wie beim Mindesthaltbarkeitsdatum: Sehen – riechen – schmecken. Eingekochtes, das im Vorratsschrank der Küche lagert, hat auf jeden Fall eine geringere Haltbarkeit, da es anderen Temperaturen und dem Licht ausgesetzt ist.

EIN FEST DER FRISCHE

Einige Lebensmittel bleiben länger frisch, wenn man sie richtig zu behandeln weiß. Anderen, die schon in den Abgrund der Biotonne schauten, lässt sich sogar noch einmal ein zweiter Frühling entlocken.

1 Da Toast leicht schimmlig wird: einfach einfrieren und zum Frühstück einzelne Scheiben ohne Auftauen direkt in den Toaster stecken.

2 Sie wollen sich an dem harten, ausgetrockneten Käse nicht die Zähne ausbeißen? Dann legen Sie ihn für 30 Minuten in Milch ein.

3 Wurzelgemüse wie Karotten und Kohl trocknet nicht aus, wenn man es in feuchtem Sand lagert. Nur Spielsand verwenden, keinen Bausand.

4 Wickeln Sie Ihren Salat im Kühlschrank in Küchentücher ein. Sie saugen die überschüssige Flüssigkeit auf.

5 Umwickeln Sie die Stiele Ihrer Bananen mit Frischhaltefolie, da die Endstücke der Früchte das Reifegas Ethylen abgeben (siehe auch Seite 37).

6 Sie brauchen nur ein paar Zitronenspritzer? Die Frucht mit einem Zahnstocher anstechen und danach mit einem Klebestreifen verschließen.

7 Alte, knochenharte Brötchen werden wieder knusprig frisch, wenn man sie mit Wasser benetzt im Ofen aufbackt.

8 Trockenes Gebäck wird wieder saftig weich, wenn man es ein paar Stunden mit einer Apfel- oder Orangenspalte in eine Keksdose legt.

9 Wenn der Honig fest kristallisiert ist, das Glas kurz in die Mikrowelle stellen. Dann lässt er sich wieder schön streichen.

10 Aufgeschnittene Kartoffeln, Birnen und Äpfel bleiben länger hell, wenn man sie kurz in einer Tasse Wasser mit 2 TL Honig badet.

11 Tomaten sind schon weich und leicht schrumplig? Im Eiswasserbad werden sie wieder straffer und lassen sich besser schneiden.

BEIM KOCHEN ZEIT UND GELD SPAREN

Nachdem der Schnäppchenjäger im Supermarkt die Vorarbeit geleistet hat, schlägt in der Küche nun ihre Stunde, um in Sachen Sparsamkeit wirklich alles rauszuholen: der Nichtsverschwender und die Allesverwerterin.

Große Sparhelfer zum kleinen Preis

Wie kann man beim Kochen Strom oder Gas sparen, ohne die gewohnte Küche komplett auf den Kopf zu stellen? Acht Utensilien genügen.

In diesem Ratgeber gibt es bewusst keine Rezepte. Diese gibt es bereits wie Sand am Meer. Ein neues Rezept löst nicht das Energieproblem und senkt auch nicht die hohen Energiekosten. Viel wichtiger sind die vielen kleinen Stellschrauben, wenn es um die Art und Weise geht, wie gekocht wird, wie die vorhandene Technik und die Energie sinnvoll genutzt und eingesetzt werden können.

Je nach Geldbeutel verfügen Sie über eine mehr oder weniger große und luxuriöse Küche, mit mehr oder weniger technischen Einrichtungen und elektrischen Geräten. Wie so oft im Leben ist auch beim Kochen weniger manchmal mehr. Stellen Sie sich also vor, Sie sind Alleinköchin auf einem U-Boot oder Alleinkoch in einer Feldküche, weit draußen in der Prärie. Das bedeutet: Sie haben sehr wenig Platz. Jeder Tropfen heißes Wasser kostet viel Arbeit und Mühe. Sie haben so gut wie keine elektrischen Hilfsmittel. Sie müssen mit wenig Herdfläche auskommen. Der Backofen verwandelt die Küche in eine Sauna. Sie müssen alles, was sie an Material und Hilfsmitteln benutzen, selber putzen und spülen. Eine Spülmaschine gibt es nicht. Sie müssen sehr kreativ sein. Sie sind nach dem Kapitän die wichtigste Person an Bord. Mit Ihren Leistungen in der Küche steht und fällt die Moral Ihrer Tischgäste (in Ihrem Fall: Ihrer Familie). Aber keine Sorge – das Kielholen ist heute verboten und Sie sind ja nur zur Anschauung auf einem U-Boot.

Warum dieses Gedankenexperiment? Weil es das eigene Bewusstsein für eine einfache Tatsache schärft: Ihre Küche kann technisch auf dem neuesten Stand sein, aber wie viel Energie Sie beim Kochen sparen können, hängt davon ab, wie sparsam Sie Ihre Ressourcen einsetzen.

Acht Utensilien für wenig Geld

Keine Sorge: Wenn Sie beim Kochen sparen wollen, hat es wenig Sinn zu raten, den alten Herd gegen einen neuen auszutauschen, sich neue Töpfe anzuschaffen und für die Einsparung von Strom und Warmwasser eine Solaranlage und eine Photovoltaikanlage auf das Dach zu setzen. Es gibt aber ein paar Dinge, die in den meisten Haushalten vorhanden sind oder für wenig Geld angeschafft werden können, mit denen Sie – richtig eingesetzt – Lebensmittelkosten und Energiekosten deutlich senken können: Ein Teigschaber aus Kunststoff oder Gummi, Preis zwischen 3 und 10 Euro, je nach Größe und Materialart. Eine Teigkarte aus Kunststoff oder Metall. Ein Sparschäler, Preis um etwa 2 Euro. Ein Wasserkocher, innen möglichst mit Metall, nicht aus Kunststoff. Preis um etwa 40 Euro. Eine Thermoskanne, Preis um etwa 25 Euro. Ein Siebeinsatz zum Dämpfen im Kochtopf, Preis um etwa 10 Euro. Ein Dampfdruckkochtopf/Schnellkochtopf, Preis ab etwa 90 Euro. Ein Minibackofen für Singlehaushalte oder Zweipersonenhaushalte, Preis ab etwa 50 Euro. Schauen wir uns deren Nutzen doch einmal näher an:

1 **DER TEIGSCHABER:** Am besten einen kleinen und einen großen, Preis zwischen 3 und 10 Euro, je nach Größe und Material. Der allerbeste und wertvollste Helfer in der Küche, unverzichtbar. Bevor ich anfange zu kochen, liegt immer schon ein Teigschaber, der übrigens auch Gummizunge oder Teigspatel genannt wird, an meinem Arbeitsplatz. Mit dem Teigschaber können Sie aus Ihrem Kochgeschirr oder aus den Schüsseln, etwa beim Kuchenbacken, restlos alle Zutaten entfernen. So wird nichts verschwendet. Beim Backen kommt es anders als beim Kochen immer darauf an, genau die angegebenen Mengen zu verarbeiten. Wenn Sie Ihre Rührschüssel nur mit einem Löffel auskratzen, bleibt immer noch sehr viel Masse am Schüsselrand haften. Durch den flexiblen „Aufsatz" können Sie mit einem Teigschaber immer mindestens drei Prozent mehr Masse entfernen als mit dem Löffel. Eine andere Anwendungsmöglichkeit für diese unkomplizierten Küchenhelfer: Der Knick vor dem Schraubverschluss von Gläsern mit Konfitüre und Ähnlichem ist eine große Schwachstelle. Oder denken Sie an das berühmte Glas Ihrer Nuss-Nougat-Creme: Mit einem Löffel bleibt zu viel im Glas hängen. Mit den kleinen Teigschabern können Sie auch aus solchen Gläsern alles sauber entfernen. Auch wenn es nur zwei Prozent mehr Masse sind, die Sie so retten können: Es zahlt sich aus. Würden die Supermärkte

ohne Grund die Preise um zwei bis drei Prozent erhöhen, würden Sie sicherlich protestieren. Zudem sparen Sie dadurch auch noch Kosten für die Reinigung: Viele Menschen neigen dazu, das Kochgeschirr vor der Reinigung in der Spülmaschine vorzuspülen, möglichst mit heißem Wasser. Im allerschlimmsten Fall mit kaltem Wasser. Die Folge: Fetthaltige Speisereste können früher oder später zu Verstopfungen im Abflussrohr führen und eine teure Rohrreinigung könnte die Folge sein – im allerschlimmsten Fall auch noch am Wochenende. Daher ist ein Teigschaber schlicht der beste Freund in der Küche.

DEN VERZICHT ÜBEN: Verzichten sollten Sie auf die Vorteile eines Teigschabers allerdings auf jeden Fall zur Weihnachtsbäckerei und allgemein beim Backen und Kochen, wenn Sie mit Ihren kleinen Kindern in der Küche den Spaßfaktor aufrechterhalten wollen. Das Ablecken der Löffel, das Auskratzen der Schüsseln gehört schließlich dazu! Das ist Tradition, deren Wegfall mit Sicherheit und zu Recht zu großer Empörung führt.

2 DIE TEIGKARTE ist der zweitbeste Freund in der Küche. Sie wird auch Abstecher oder Schlesinger genannt. Wenn Sie Ihr Brot selbst backen, werden Sie diesen Helfer ohnehin bereits im Haus haben. Damit entfernen Sie alle festen Teile im Kochgeschirr, für die der Teigschaber zu weich ist. Aber dieses Multiwerkzeug hilft auch beim Kochen. Immer wenn Sie etwas auf Ihrem Schneidebrett geschnitten haben, können Sie mit einer Teigkarte das komplette Schneidegut ohne Verluste vom Schneidebrett entfernen und sauber und sicher zum Topf oder zur Pfanne bugsieren. Mit einer Teigkarte aus Metall kann das Backbrett schnell vollständig gereinigt werden. Denn Teigreste und Mehl in Verbindung mit Wasser ergeben immer einen großen und zähen Klumpen. Zudem können Sie danach den Spülschwamm oder das Spültuch in die Tonne werfen. Die feste Metallkante der Teigkarte beschädigt dabei nicht das wertvolle Backbrett, wenn Sie sie in einem sehr flachen Winkel ansetzen.

3 DER SPARSCHÄLER: Der Name ist Programm. Er spart wertvolle Lebensmittel ein, da beim Schälen sehr viel weniger Fruchtfleisch verloren geht, als dies mit einem noch so scharfen Schälmesser möglich ist. Mit einem Sparschäler gelingt es, tatsächlich nur die Schalen zu entfernen. Es wandern somit weniger vermeidbare Abfälle in der Mülltonne. Ein weiterer Vorteil: Sie können mit einem Sparschäler auch Gemüse in sehr dünne Streifen schneiden, wie sie zum Bespiel für Gerichte aus der asiatischen Küche benötigt werden. Sehr dünn geschnittenes Gemüse gart sehr viel schneller und verbraucht somit weniger Energie. Ein Küchenhobel ist nicht notwendig und muss somit nicht zusätzlich gespült werden (denken Sie an das U-Boot).

4 DER WASSERKOCHER sollte in keiner Küche fehlen. Er ist die günstigste Möglichkeit, kochendes Wasser vorzubereiten. Egal, ob sie einen Gasherd, einen Glaskeramikherd oder ein Induktionskochfeld benutzen, der Wasserkocher ist schneller und in der Energiebilanz günstiger. Umgesetzt in die Praxis bedeutet das, wenn Sie zum Beispiel Nudeln kochen möchten: Als Erstes befüllen Sie den Wasserkocher und schalten ihn ein. Danach befüllen Sie den Kochtopf mit wenig Wasser, stellen ihn auf die Herdplatte und legen den Deckel auf den Topf. Während der Kochtopf sich erhitzt, hat der Wasserkocher das Wasser zum Kochen gebracht. Gießen Sie das heiße Wasser in den Topf und kochen Sie dann die Nudeln wie gewohnt.

5 DIE THERMOSKANNE ist vor allem für Haushalte, in denen viel Kaffee getrunken wird, eine sehr sinnvolle Investition. Füllen Sie Ihren Kaffee möglichst immer in eine Thermoskanne und schalten Sie die Kaffeemaschine wieder aus. Im Durchschnitt benötigt eine normale Filterkaffeemaschine etwa 180 Wattstunden Energie (0,18 kWh), um eine große Kanne Kaffee zu brühen. Dazu kommt die Warmhalteplatte, die etwa ein Viertel der Energie wie die Brühtechnik benötigt, bis sich die Maschine nach einer gewissen Zeit (circa 30 Minuten) abschaltet. Zudem bleibt der Kaffee in der Thermoskanne länger frisch und aromatisch, da weniger Sauerstoff an den Kaffee gelangt. Thermoskannen sind mit einem Glaskörper ausgekleidet und dadurch geschützt gegen den Übergang von Aromen. Eine Thermoskanne kann somit mit allen Heißgetränken und Kaltgetränken befüllt werden. Praktisch für den Sommer: dauerhaft gekühlte Getränke für den Balkon.

6 DER SIEBEINSATZ ZUM DÄMPFEN im Kochtopf. Siebeinsätze gibt es in verschiedenen Größen, alle passen sich den jeweiligen Topfgrößen durch die Möglichkeit zum Auffächern problemlos

Gerätepreise nach aktuellstem Test/eigenen Recherchen. Preis Wasserkocher nicht voll veranschlagt, da er auch anderweitig verwendet wird. Stand: 02/2024. Näheres unter test.de „Stichwort ‚Kaffeezubereitung"

WAS KAFFEE KOSTET

So viel zahlen Sie je nach Zubereitungsart für eine Tasse Ihres heiß geliebten Wachmachers – inklusive Ausgaben für Gerät, Kaffee, Strom usw. –, wenn Sie über acht Jahre hinweg 3000 Tassen trinken.

KAFFEE-VOLLAUTOMAT	KAPSEL-MASCHINE	PAD-MASCHINE	FILTERKAFFEE-MASCHINE	FRENCH PRESS (+ WASSERKOCHER)
709 €	80 €	106 €	95 €	54 €
0,39 €	0,35 €	0,23 €	0,14 €	0,12 €

91 %

der Deutschen über 60 Jahre trinken täglich oder mehrmals pro Woche Kaffee.

63 %

der Deutschen unter 40 Jahren trinken mehrmals die Woche Kaffee.

31 %

aller deutschen Haushalte besitzen einen Kaffeevollautomaten.

an. Sie sind schnell zu reinigen und passen in jede Küchenschublade. Wichtig zu wissen: Siebeinsätze leisten das Gleiche wie ein hochmoderner, eingebauter Dampfgarer – hier ist das Preis-Leistungs-Verhältnis besonders markant. Das Dämpfen ist die schonendste Art, Gemüse und Kartoffeln zu garen. Die Garprodukte behalten mehr Aromen, da sie im Gegensatz zum Kochen im Wasser nicht ausgelaugt werden. Durch die kürzere Garzeit bleiben außerdem mehr Vitamine erhalten. Unschlagbar ist das Dämpfen, wenn es darum geht, Energie für das Kochen einzusparen: In der Zeit, die das Wasser für Gemüse und Kartoffeln zum Kochen benötigt, hat in einem Dämpfer der Garprozess schon begonnen. Zudem brauchen Sie sehr viel weniger Wasser. Bedenken Sie: Beim herkömmlichen Kochen landet das Kochwasser, mit viel Energie aufbereitet, nach dem Kochen im Ausguss, zusammen mit den Vitaminen. Beim Dämpfen mit dicht schließendem Deckel kann auf sehr kleiner Flamme gegart werden.

EIER SIND MIT DRIN: Mit dem Dampfeinsatz können übrigens auch Ihre Frühstückseier für den Sonntagmorgen zubereitet werden. Den Eierkocher benötigen Sie nicht mehr – wieder eine Schrankleiche weniger!

7 DER DAMPFDRUCKKOCHTOPF ODER SCHNELLKOCHTOPF: Dieser sehr nützliche Küchenhelfer ist heute leider weitgehend in Vergessenheit geraten. Für jeden Haushalt gibt es eine passende Größe. In einem Dampfdruckkochtopf können Kartoffeln und Gemüse zur gleichen Zeit gegart werden, vorausgesetzt, alle Zutaten haben die gleiche Garzeit. Die Aromen der verschiedenen Garprodukte bleiben erhalten. Die Garzeiten verkürzen sich erheblich, in der Regel wird bei Gemüse und Kartoffeln nur noch ein Drittel der Garzeit benötigt. Durch die kürzere Garzeit bleiben auch hier mehr Vitamine erhalten. Besonders viel Energie und Zeit kann mit einem Schnellkochtopf bei der Zubereitung von Fleischgerichten eingespart werden: Ein Rinderbraten schmort zweieinhalb bis drei Stunden im Backofen bei ca. 150 Grad Celsius. Dabei verbraucht der Backofen je nach Energieklasse zwischen 1 000 und 1 500 Watt pro Stunde. Eine Herdplatte benötigt bei kleiner Einstellung je nach Energieklasse um 1 000 Watt pro Stunde. In einem Dampfdruckkochtopf können Sie den gleichen Rinderbraten in 50 Minuten garen. Die beim Garen entstandenen Fonds und Soßen haben zudem ein sehr volles Aroma, da nichts aus dem Topf entweichen konnte. Gerade für Familien, in denen noch das klassische Sonntagsessen gekocht wird, kann ein Dampfdruckkochtopf die Energiekosten erheblich senken. Die Arbeitszeit in der Küche wird verkürzt. Und nicht zuletzt: Da verschiedene Lebensmittel gleichzeitig gegart werden können, fällt weniger Geschirr zum Spülen an.

IM LETZTEN TEST von Dampfdruckkochtöpfen aus dem Dezember 2019 waren von 10 getesteten Töpfen neun sicher. Eines der getesteten Modelle ließ sich allerdings öffnen, obwohl der Druck im Topf noch höher war, als die Norm erlaubt. Bei allen anderen drohte selbst bei falscher Bedienung keine Gefahr.

8 DER MINIBACKOFEN ist besonders für Single- und Zweipersonenhaushalte ein nützlicher Helfer, insbesondere dann, wenn häufiger Fertiggerichte zubereitet werden sollen. Denn der Stromverbrauch ist immer der gleiche, egal ob eine Minipizza oder drei Bleche Pizza für die ganze Familie im Ofen garen. Ein großer Backofen verbraucht je nach Energieklasse zwischen 1 000 und 1 500 Watt pro Stunde. Ein Minibackofen hingegen oft unter 1 000 Watt pro Stunde. Der eigentliche Vorteil liegt jedoch darin, dass sich die Aufheizzeit erheblich verkürzt. Ihre Sonntagsbrötchen sind damit im Handumdrehen aufgebacken. Minibacköfen haben heute oft die gleichen Funktionen wie ein herkömmlicher Backofen, also Ober- und Unterhitze, einige glänzen sogar mit Umluftbetrieb und Oberflächengrill. Ein Minibackofen ist somit ein nahezu gleichwertiges Gerät, er ist jedoch sehr viel günstiger in der Anschaffung und beim Energieverbrauch. Auch für studentische Wohngemeinschaften könnte diese Erst- oder Neuanschaffung eine besonders attraktive Alternative sein.

Fazit: Einige kleine Investitionen können auf lange Sicht sehr viel Energie und Zeit einsparen. Vielleicht besitzen Sie bereits einige dieser vorgeschlagenen Geräte, aber Sie nutzen Sie nicht. Dann probieren Sie es doch einfach einmal aus.

Wie Sie Gemüse richtig vorbereiten

Mit der richtigen Vorbereitung kochen Sie einfacher und effektiver. Wir zeigen Ihnen, wie Ihr Gemüse garantiert gelingt – und das ohne unnötige Abfälle.

Kurze Garzeiten senken die Energiekosten. Außerdem: Je kürzer die Garzeit, desto mehr Vitamine, Geschmack und Farbe bleiben erhalten. Also ran ans Messer, an den Sparschäler oder an den Gemüsehobel! Kartoffeln sollten Sie nicht im Ganzen garen, sondern vierteln oder in Spalten schneiden. Einen Blumenkohl oder Brokkoli sollten Sie vor dem Garen in kleine Röschen zerteilen, den Strunk kreuzförmig einschneiden. Grundsätzlich gilt: Gemüse immer so klein wie möglich schneiden. Die dünnen Gemüsescheiben oder -streifen, die viele Gerichte aus den asiatischen Küchen verlangen, erzielen Sie am besten mit einem Sparschäler . Es geht also immer darum, die Oberfläche der Gemüse zu vergrößern, damit es schneller und schonender gegart werden kann.

Mit Strunk und Stiel

In den letzten Jahren hat sich bei der Verwertung und Verarbeitung von Fleisch das Bewusstsein dahingehend geändert, dass nicht nur die edlen Teile eines Schlachttieres verarbeitet und angeboten werden sollen. Die „Nose-to-Tail-Küche“ begeistert immer mehr Verbraucher. Dahinter steht der Gedanke, ein Schlachttier von der Schnauze bis zum Schwanz (nose to tail) vollständig zu verarbeiten. Es gibt also keine Abfälle im engeren Sinn. Bei der Verarbeitung von frischem Gemüse können wir diesen Ansatz ebenfalls anwenden. Viele Gemüsesorten können vollständig verarbeitet werden. Die Stiele und das Blattwerk sind nicht immer ein Fall für die Mülltonne.

ABER VORSICHT: Bei einer Gruppe von Gemüsen ist dies nicht möglich. Das Blattwerk und die Stiele von Nachtschattengewächsen dürfen nicht mitgegessen werden. Dazu gehören: Tomaten, Paprika, Auberginen, Chili, Kartoffeln, Physalis, Gojibeeren und Baumtomaten (Tamarillos).

Bei den Kartoffeln verwenden wir oft die Schale mit. Gerade bei neuen Kartoffeln gibt es eigentlich keinen Grund, die Kartoffeln zu schälen. Kräftiges Schrubben mit einer Gemüsebürste reicht aus, um den Schmutz zu entfernen. Durch das Garen werden alle vorhandenen Keime abgetötet.

Den Strunk von Blumenkohl und von Brokkoli sowie das Blattwerk dieser feinen Gemüsesorten können Sie vollständig verarbeiten. Die Garzeiten sind unterschiedlich, also garen Sie zuerst die festeren Teile des Strunks, danach die Röschen. Das feine Blattwerk schneiden Sie in sehr feine Streifen und geben es zum Schluss dazu. Vom Strunk und dem Blattwerk könnten Sie auch ein Zweierlei zubereiten: Gemüseröschen vom Brokkoli mit Brokkolipüree. Das Grün von Kohlrabi, besonders die kleinen Herzblättchen, sind zu schade zum Wegwerfen. Feingeschnitten geben sie dem Gemüse zusätzlichen Geschmack und Farbe. Das Blattwerk ersetzt die Petersilie. Das Grün von Möhren hat sogar mehr Aroma als die Möhre selbst. Geben Sie nach dem Garen einfach etwas feingehacktes Grün auf die Möhren. Für Smoothies ist das Möhrengrün ebenfalls einsetzbar. Ein Tipp für die Kochprofis unter Ihnen: Bereiten Sie daraus einen grünen Möhrenflan oder ein grünes Möhrensoufflé. Das Blattwerk von Radieschen können Sie unter den Blattsalat mengen, um das Aroma aufzupeppen.

Restlos verwertet

Die Kerne der Papaya eignen sich sehr gut zum Trocknen und sind danach als Knusperelement weiter verwertbar. Sie haben einen leicht pfeffrigen Geschmack. Die Tomaten waren heute besonders lecker, die hätten Sie gern auch im nächsten Jahr wieder auf dem Tisch? Kein Problem – entnehmen Sie aus einer Tomate die Kerne, trocknen Sie diese und Ihr Saatgut ist vorbereitet. Bei Kürbis, Gurken und Paprikaschoten funktioniert das ebenso.

In der Profiküche gibt es so gut wie keine Abfälle. Der Kostendruck ist hier ebenfalls sehr hoch, wenn nicht sogar noch höher, denn im Gegensatz zum Privathaushalt müssen beim Kochen Gewinne erzielt werden. Darum werden auch alle Schalen und Abschnitte vom sehr sorgfältig geputzten und gereinigten Gemüse für die Zubereitung einer Gemüse- oder Fleischbrühe verwendet. In der Profiküche steht immer irgendwo ein Topf, in dem diese wertvollen Abschnitte zum Fond angesetzt werden. Die Schalen der Zwiebel geben dem Fond eine kräftige Farbe, Tomatenreste eine fruchtige Note. Petersilienstiele und sonstige Kräuterreste – alles wird weiterverwendet. Das könnten Sie zu Hause auch für sich übernehmen. Dafür benötigen Sie jedoch eine gewisse Menge an Gemüseabschnitten.

NOCH PLATZ IM GEFRIERFACH? Dann sammeln Sie doch einfach Ihre Abschnitte, frieren Sie diese ein und setzen Sie einen Fond an, wenn Sie genügend Material gesammelt haben. So sparen Sie die gekörnte Brühe!

Wenn bei der Zubereitung von Geflügel die Knochen, die Haut und die Flügel übrig bleiben, geben Sie diese abgewaschen in Ihren aufgesetzten Fond und lassen Sie sie mitköcheln. Fertig ist Ihre frische Hühnersuppe. Mit den Resten, Sehnen und Fettteilen vom Rindfleisch verfahren Sie genauso. Mit diesem Kniff müssen Sie keine Instantbrühen kaufen, zudem schmeckt die eigene Brühe ohnehin sehr viel besser und sie ist frei von Geschmacksverstärkern und Zusatzstoffen. Sie sind auf dem Weg zum Profi.

Gemüse frisch oder tiefgekühlt?

Tiefkühlgemüse und Tiefkühlobst haben bei vielen Menschen keinen guten Ruf. Zu Unrecht. Viele Verbraucherinnen und Verbraucher verbinden mit Tiefkühlkost pauschal die Verwendung von Geschmacksverstärkern, einen hohen Kaloriengehalt oder Konservierungsmittel und Zusatzstoffe. Reines Gemüse und reines Obst sind als Tiefkühlware aber ebenso unbelastet wie frisches Gemüse, in puncto Umweltgiften oft sogar rückstandsfrei. Anders sieht es bei den Inhalts- und Zusatzstoffen aus, wenn Sie Zubereitungen, also zum Beispiel Möhrengemüse mit Butternote, als Tiefkühlware einkaufen. Die

DIE RICHTIGE MENGE WÄHLEN

Wie werden alle satt, ohne dass Reste verkümmern müssen? Hier einige Empfehlungen für geeignete Portionsgrößen.

Reis, Polenta, Hirse
Als Beilage: 60 bis 80 g

Nudeln
Als Hauptgericht: 120 bis 150 g
Als Beilage: 50 bis 80 g

Fisch
Fischfilet: 200 g
Ganze Fische: 300 g

Fleisch
Steak/Schnitzel: 150 bis 200 g
Mit Knochen: 200 bis 250 g
Verarbeitet: 100 bis 120 g
Geflügel: 120 bis 150 g

Kartoffeln
Als Beilage: 150 bis 200 g
(2–3 mittelgroße Kartoffeln)
Kartoffelbrei: 150 g
Pommes frites: 125 g

Gemüse
Als Beilage: 180 bis 250 g
Als Hauptzutat: 400 bis 600 g

Salat
Tomaten-/Gurkensalat als Beilage: 200 g, Blattsalat-Anteil: 60 g (Beilage), 80 bis 200 g (Hauptspeise)

Linsen, Bohnen
Als Beilage: 50–70 g getrocknet bzw. 100 bis 140 g gekocht
Als Hauptspeise: 100 g getrocknet bzw. 200 g gekocht

Suppe
Als Vorspeise: 300 ml
Als Hauptspeise: 500 ml
(2 Teller je 250 ml)

Butternote bringt Inhaltsstoffe mit sich, die in frischen Möhren nicht vorhanden sind. Also schauen Sie beim Einkauf genau auf die Liste der Inhaltsstoffe.

Tiefkühlgemüse und Tiefkühlobst bieten zudem viele Vorteile: Es entstehen keine Verluste durch Putzabfälle. Bei frischem Gemüse liegen diese zwischen 10 und 30 Prozent. Diese Produkte sind „Schüttwaren“, das bedeutet, Sie können auf das Gramm genau die benötigte Menge aus der Verpackung entnehmen und den Rest wieder zurück in den Froster legen. Es entstehen keine Reste. Tiefkühlgemüse kann ohne jede Vorbereitung und gefroren direkt weiterverarbeitet werden.

Tiefkühlobst ist in den meisten Fällen aromatischer als Frischobst. Es wird immer zum optimalen Reifepunkt geerntet, also dann, wenn das Obst sein maximales Aroma entwickelt hat, und danach schockgefroren. Tiefkühlgemüse und Tiefkühlobst haben meistens mehr Vitamine als Frischwaren, da keine Vitamine durch Lagerzeit verloren gehen. Ebenso sieht es bei der Frische der Produkte aus. Da keine Lagerzeiten entstehen, kann auch nichts welken oder Flüssigkeit verlieren.

Gemüse und Obst werden mit moderner Technik sehr schnell eingefroren, sehr viel schneller, als Sie es zu Hause in Ihrem Gefrierfach jemals nachmachen könnten. Durch das sogenannte Schockfrosten bleiben die Eiskristalle sehr klein und können deshalb die Zellstrukturen nicht aufbrechen. Das Gemüse und Obst verliert dadurch beim Auftauen keine Eigenflüssigkeit.

TIEFKÜHLOBST NICHT ROH VERZEHREN! Gerade bei Tiefkühlbeeren werden oft Noroviren und Hepatitis-Erreger nachgewiesen. Diese können zu Darmkrankheiten und Durchfall führen. Die Erreger gelangen durch mangelnde Hygiene der Erntehelfer und durch Mängel in den Produktionsabläufen auf die Lebensmittel. Daher sollten Sie Tiefkühlobst immer mindestens auf 90 Grad Celsius erhitzen, um alle Keime abzutöten. Das bedeutet auch: Tiefkühlobst ist für Smoothies und kalte Milchspeisen nicht geeignet!

Frisches Gemüse ist zur Haupterntezeit immer günstiger als in der Nebensaison. Angebot und Nachfrage sowie die Ernteerträge regeln den Preis. Tiefkühlgemüse und Tiefkühlobst werden immer zur Haupterntezeit produziert. Natürlich unterliegen sie auch der allgemeinen Inflation, aber die Produktion und der Verkauf sind für einen langen Zeitraum angelegt.

Nehmen wir einmal ein beliebtes, nicht saisonales und meistens importiertes Gemüse: frische Paprikaschoten. Der Preis von frischen Paprikaschoten steigt in den Wintermonaten auf ein Goldpreisniveau. Der hohe Preis ist dennoch gerechtfertigt, da durch den Import und durch den Anbau in beheizten Gewächshäusern die unvermeidbaren Kosten entstehen. Dessen muss man sich bewusst sein. Daher ist es auch im Winter sinnvoll, auf saisonales Gemüse und Obst zurückzugreifen. Heute soll es bei Ihnen zum Mittagessen eine Nudelpfanne geben, dazu eine reichhaltige Paprikarahmsoße. Ihr Vorsatz, günstig einzukaufen, ist bei den hohen Preisen für frische Paprikaschoten dahin. Sie können den aktuell hohen Tagespreis für frische Paprikaschoten durch Tiefkühlware vermeiden. Ihre gewohnte Zubereitung und Ihr Familienrezept bleiben unverändert und Sie sparen Geld und Zeit.

Effizient und energiesparend kochen

Sie können viel Energie sparen, wenn Sie Ihr Kochgeschirr richtig einsetzen und die Möglichkeiten ausschöpfen, die Herd und Backofen bieten.

Um beim Kochen Energie einzusparen, kommt es auch darauf an, das richtige Kochgeschirr und die passende Herdfläche zu verwenden. Ein teurer Topf muss nicht besser sein als ein günstiger Topf. Das Material des Topfes spielt für das Garen auf dem Herd eine eher untergeordnete Rolle. Für die Garung im Ofen sieht das anders aus. Der Kauf von neuen Töpfen ist nicht notwendig. Setzen Sie Ihr Material nur zweckgebunden ein. Dazu folgende Tipps: Setzen Sie immer, außer beim Anbraten oder beim Kurzbraten, einen dicht schließenden Deckel auf das Kochgeschirr. Dadurch gart das Gargut gleichmäßig, es befindet sich immer in einem feuchten Medium. Feuchtigkeit leitet und verteilt die Wärme besser und gleichmäßiger als Luft. Mit einem aufgesetzten Deckel können Sie bei geringeren Temperaturen garen, und die Garverluste sind geringer. Zudem haben Sie dadurch auch weniger Stress beim Kochen. Es kann so schnell nichts anbrennen oder verkochen. Beim Kochen mit aufgesetztem Deckel verringern Sie zudem die Bildung von Dampf und somit hoher Luftfeuchtigkeit im Raum. Stichwort Schimmelbildung!

Setzen Sie das Kochgeschirr immer auf ein Kochfeld, das möglichst den gleichen Durchmesser besitzt. Mit einem zu kleinen Kochfeld verteilt sich die Wärme nicht gleichmäßig auf dem Topfboden, mit einem zu großen Kochfeld verschwenden Sie Energie. Der Topfboden soll gerade und vollständig auf dem Kochfeld aufliegen. Verbeultes Kochgeschirr leitet die Wärme nicht gleichmäßig weiter.

Nutzen Sie ein Induktionskochfeld, kommt es besonders darauf an, Kochgeschirr mit einem dicken Boden zu verwenden. Die Wärme wird hier sehr viel schneller weitergeleitet als bei einem Gasfeld oder Keramikfeld. Es kann also gerade für Ungeübte schnell passieren, dass etwas anbrennt. Das Kochen mit einem Induktionskochfeld erfordert etwas Erfahrung.

DER BODEN BRINGT'S: Im Frühjahr 2022 haben wir 17 Edelstahl-Topfsets zwischen 50 bis 530 Euro unter die Lupe genommen. Von großer Bedeutung ist hierbei die Bodendicke der Töpfe, die bei den Testmodellen bis zu 7,6 Millimeter reicht. Denn ein besonders dicker Boden ermöglicht es, die Wärme hervorragend zu halten und die Temperatur gleichmäßig zu verteilen. Gute Qualität für Heldentaten am Herd muss nicht teuer sein – für rund 120 Euro können sich über ein glänzendes Preis-Leistungs-Verhältnis freuen.

Für das Schmoren bei geschlossenem Deckel im Backofen ist es von Vorteil, einen sehr schweren Topf aus Gusseisen einzusetzen. Dieser leitet die Wärme des Backofens gleichmäßig an den Boden, die Wände und den Deckel des Topfes weiter. Dadurch erzielen Sie ein gleichmäßiges Garergebnis. Beim Schmoren kommt es darauf an, die Topfgröße so auszuwählen, dass das Gargut gerade so hineinpasst. Das Gargut, ein Gulasch oder ein Braten, soll in seinem eigenen Saft garen, fast vollständig mit einem Fond bedeckt. Bei einem zu großen Schmortopf kann das Gargut nicht gleichmäßig garen. Passen Sie den Topf immer der Größe der zu kochenden Menge an.

Backofen vorheizen oder nicht?

Ein Backofen verbraucht im Durchschnitt zwischen 1 000 und 1 500 Watt in der Stunde. Warum dann die Energie der Aufheizphase nicht mitnutzen? Wir haben nichts zu verschenken. Generell muss der Backofen jedoch nur für wenige Garprozesse vorgeheizt werden: Für die Zubereitung von Blätterteig. Hier muss von Anfang an mit einer Temperatur von 200 bis 220 Grad Celsius gebacken werden, sonst gart der Teig nicht richtig und bleibt pappig. Auch Pizza braucht einen vorgeheizten Ofen. Plätzchen und Muffins hingegen werden auch braun, wenn sie mit dem Ofen aufheizen.

Für das schnelle Überbacken oder für eine Krustenbildung, zum Beispiel bei der Schwarte für einen Schweinebraten, sowie für das Oberflächengrillen oder für das Abbrennen von Baisers kann man den Backofen vorheizen, man kann für diese Zwecke aber auch einfach die Grillfunktion des Ofens nutzen.

Selbst das Brotbacken und Kuchenbacken funktionieren ohne Vorheizen. Dem Brathähnchen ist die Anfangstemperatur egal. Die Weihnachtsgans bleibt ebenfalls sehr entspannt, da sich das Fleisch ohne die große Hitze zu Beginn der Garung gleichmäßig erwärmen kann. Hier kommt es eher auf die Hitze zum Ende der Garzeit an.

Am Ende die Nachwärme nutzen

Wie so oft im Leben gilt auch beim Kochen: Die Menge macht's. In einem großen Kochtopf ist sehr viel Energie gespeichert. Nutzen Sie diese Energie, um das Gargut zu Ende zu garen. Wenn Sie ein Wärmestrahlungskochfeld nutzen, müssen Sie es nicht bis zum endgültigen Erreichen des Garpunktes eingeschaltet lassen. Legen Sie den Deckel auf und den Rest macht der Topf von allein. Je größer der Topf, desto größer die Nachwärme. Somit können Sie einen Teil der Energie zurückgewinnen. Das Gargut kann sich zudem dadurch wieder entspannen. Ein Beispiel: Sie kochen das Fleisch für einen Tafelspitz. Sie testen den Garpunkt und stellen fest, dass das Fleisch noch 20 Minuten braucht. Trotzdem können Sie jetzt schon das Kochfeld ausschalten. Wenn das Fleisch vorher leicht geköchelt hat, reicht die vorhandene Restwärme, um das Fleisch sanft fertig zu garen. Würden Sie das Stück Fleisch bis zum Ende kochen lassen, müssten Sie es vor dem Aufschneiden einige Zeit ruhen lassen, damit es sich entspannen kann und beim Aufschneiden keinen Fleischsaft verliert. So, sanft zu Ende gegart, nehmen Sie ein entspanntes Stück Fleisch aus dem Fond und können es sofort ohne Verluste aufschneiden. Sie sind entspannt, das Fleisch ist entspannt. Alles richtig gemacht, dazu noch Energie eingespart und die Qualität des Fleisches bewahrt.

Beim Garen im Backofen ist die Nutzung der Nachwärme noch effektiver als beim Garen in einem Topf. Der Backofen ist sehr viel besser isoliert als ein Kochtopf. Somit bleibt auch die Restwärme sehr viel länger im Backofen gespeichert. Beim Garen von großen Fleischstücken auf einem Bratblech und beim Schmoren im geschlossenen Schmortopf können Sie je nach Größe bis zu 30 Minuten vor dem Ende der Garzeit den Backofen ausschalten. Auch hier profitieren Sie davon, dass sich das Fleisch wieder entspannen kann. Dadurch wird es zarter beim Essen.

Fazit: Durch die Nutzung der Nachwärme können Sie viel Energie einsparen. Beim Garen von Fleisch erzielen Sie dadurch eine Qualitätssteigerung und geringere Verluste.

Mit kurzen Kochzeiten sparen

Bei der Zubereitung von Speisen gibt es verschiedene Garmethoden. Einige benötigen eine sehr kurze bis kurze Garzeit, Brat- und Schmorgerichte müssen dagegen relativ lange garen. Wenn Sie Ihren Familienspeiseplan (siehe Seiten 19–24) erstellen, sollten Sie auch ein Auge auf die erforderlichen Garzeiten werfen. Kurze Garzeiten bedeuten auch große Einsparmöglichkeiten. Die Sache hat natürlich auch einen kleinen Haken: Kurze Garzeiten bedeuten oft, dass viel Schneidearbeit als Vorbereitung notwendig ist. Und Fleischgerichte, die für das Kurzbraten geeignet sind, sind in der Regel die teureren Fleischstücke der Schlachttiere. Je feiner ein Fleischstück ist, desto schneller kann es gegart werden. Das spiegelt sich dann aber auch in einem höheren Einkaufspreis. Auch das müssen Sie bei der Gestaltung Ihres Speiseplans berücksichtigen. Ein Beispiel aus der Praxis: Ein Geschnetzeltes vom Kalb ist ruckzuck zubereitet, dafür benötigen Sie aber das teure Fleisch aus dem Rücken oder aus der Oberschale der Keule. Der geschmorte Kalbsnacken für den Sonntag ist im Vergleich dazu preisgünstiger, er benötigt jedoch eine lange Garzeit und somit sehr viel mehr Energie zum Garen. Und: Auch wenn die Speisen nach wenigen Minuten warm sind – manche Aromen entwickeln sich erst in stundenlangem Köcheln. Eine italienische Tomatensoße köchelt idealerweise den ganzen Vormittag – obwohl sie nach wenigen Minuten warm ist.

Garmethoden mit kurzer Garzeit

Das Dämpfen: Diese Garmethode ist besonders schonend und erhält durch die kurze Garzeit viele Vitamine und Inhaltsstoffe. Für das Dämpfen reicht ein Topf mit einem verstellbaren Siebeinsatz, der sich der jeweiligen Topfgröße anpasst (siehe Seite 74). Mehr braucht es nicht. Natürlich gibt es aber auch speziell für das Dämpfen geeignete Töpfe oder in der Luxusversion den eingebauten Dampfautomat. Beim Dämpfen im Topf ist stets ein dicht schließender Deckel aufzulegen. Es braucht nur wenig Wasser zur Dampfbildung. Für das Dämpfen können Sie das Kochfeld auf sehr kleine Flamme stellen. Welche Lebensmittel eignen sich für das Dämpfen? Alle Gemüse, Kartoffeln, Obst, Eier, Portionsstücke vom Fisch, Geflügelbrust vom Huhn, edle Teile vom Schlachtfleisch, also Rücken oder Filet.

Das Pochieren: Beim Pochieren wird ein Lebensmittel in ausreichend viel Flüssigkeit gegart. Es muss in der Garflüssigkeit frei schwimmen können. Dazu wird die Flüssigkeit einmal an den Siedepunkt gebracht, das heißt, dass die Flüssigkeit kurz vor dem Kochen steht. Danach wird das Gargut in die Flüssigkeit gelegt und gart danach unterhalb des Siedepunktes. Auch hierbei den Deckel auflegen. Je nach Gargut ist die Flüssigkeit zum Pochieren Salzwasser, ein Gemüsefond, Fischfond, eine Fleischbrühe, ein Würz- oder Essigfond. Welche Lebensmittel eignen sich für das Pochieren? Alle Fische, Kartoffelklöße, Semmelknödel, Edelteile vom Schlachtfleisch (Filet und Rücken), kleine Geflügelbrüste, Eier (Verlorenes Ei, im Essigfond gegart), Obst.

GESUNDE WÜRZE MIT JOD: Im Januar 2023 haben die Expertinnen und Experten der Stiftung Warentest 41 Salze untersucht. Produkte, die einen Jodzusatz enthalten, sind besonders empfehlenswert. Wer sein Essen täglich damit würzt, tut ganz nebenbei etwas für die Gesundheit: Viele Menschen nehmen zu wenig Jod zu sich, das unter anderem dazu beiträgt, den Energiestoffwechsel und die Gehirnentwicklung zu regulieren. Für Jodsalz müssen Sie keine gesalzenen Preise bezahlen. Gutes Salz, das mit dem lebensnotwendigen Spurenelement angereichert ist, erhalten Sie bereits ab 6 Cent pro 100 Gramm.

Das Blanchieren: Beim Blanchieren handelt es sich in den meisten Fällen um eine Art Vorgaren der Lebensmittel. Dabei werden die Lebensmittel für kurze Zeit in viel kochendem Salzwasser erhitzt und danach in kaltem Wasser oder in Eiswasser abgeschreckt, damit sie nicht nachgaren und vor allem ihre Farbe behalten. Blanchierte Lebensmittel sind nach dem Blanchieren für Gerichte mit kurzer Garzeit gut geeignet. Das Blanchieren von Gemüse dient auch als Vorbereitung für das Einfrieren von Gemüse. Das Blanchieren verschließt die Oberfläche, das Gemüse kann so ohne Qualitätsverluste eingefroren werden. Wie können Sie das Blanchieren im Alltag anwenden? Sie kochen für Ihre Familie heute eine große Portion Reispfanne mit Gemüse. Die größte Pfanne in der Küche hat ihren Auftritt. Wenn Sie jedoch große Mengen Gemüse auf einmal in die Pfanne geben, sinkt die Temperatur rapide ab und durch die verlängerte Garzeit ist das Gemüse danach alles andere als knackig. Die schöne Farbe ist auch verloren gegangen. Mit blanchiertem Gemüse bleibt alles knackig, da die Garzeit erheblich verkürzt wird, und das Gemüse behält seine leuchtenden Farben. Da Sie für das Blanchieren relativ viel Wasser benötigen, sollten Sie alle Gemüse in einem Topf nach und nach blanchieren. Gemüsesorten, die viel Farbstoffe abgeben, wie etwa violette Möhren, blanchieren Sie zum Schluss. Bereiten Sie das Kochwasser in einem Wasserkocher vor und setzen Sie einen Deckel auf. Welche Lebensmittel eignen sich zum Blanchieren? Gemüse, Kartoffeln und Obst.

Das Kurzbraten: Das Kurzbraten ist eine Garmethode, bei der meistens eine Pfanne verwendet wird, ein Deckel wird dabei nicht aufgesetzt. Für das Kurzbraten ist es wichtig, eine Pfanne mit einem dicken Boden oder eine schwere Gusspfanne zu verwenden. In beiden Pfannen kann die starke Anfangshitze gut gespeichert und gleichmäßig an das Gargut weitergegeben werden. Zum Kurzbraten muss die Pfanne sehr gut vorgeheizt werden. Daher ist es auch sehr wichtig, den Fettstoff (Öl und Butterschmalz) erst unmittelbar vor dem Einlegen des Gargutes in die Pfanne zu geben, damit er in der Aufheizphase nicht verbrennt. Beim Kurzbraten kommt es darauf an, dem Gargut eine Kruste und Röstaromen zu geben. Alle geschnetzelten Fleischgerichte werden zunächst kurzgebraten. Die Fleischstücke sollen schnell von allen Seiten angebraten werden, damit kein Fleischsaft mehr austreten kann. Es ist daher sehr wichtig, nicht zu viel Fleisch in die Pfanne zu geben, da die Temperatur der Pfanne sonst zu schnell abfällt. Das Fleisch würde dann eher kochen statt zu braten. Beim Kurzbraten benötigen Sie zu Beginn starke Hitze, müssen also das Kochfeld auf maximale Leistung einstellen. Der hohe Einsatz von Energie zu Beginn wird jedoch dadurch wieder ausgeglichen, dass nur eine sehr kurze Garzeit benötigt wird – also doch kurz und schmerzlos. Welche Lebensmittel eignen sich zum Kurzbraten? Alle Portionsstücke von Schlachtfleisch, Geschnetzeltes, große Portionsstücke vom Fisch mit Haut.

Das Dünsten: Wenn Lebensmittel sich die Garmethode aussuchen könnten, würden fast alle sagen: Wir möchten gedünstet werden, bitte! Es ist eine sanfte Garmethode, sie umschmeichelt die Lebensmittel, erhält den Eigengeschmack, die Struktur und die Farbe in besonderer Weise, es entsteht wenig Koch- oder Bratverlust, sie entspannt die Lebensmittel und die Person, die kocht. Zum Dünsten sollten Sie eine hohe Pfanne oder einen nicht zu kleinen und nicht zu hohen Topf verwenden, auf jeden Fall immer mit einem passenden Deckel. Beim Dünsten benötigen Sie mittlere Hitze zu Beginn und kleine Hitze zum Fertiggaren. Beim Dünsten sollen keine Röst- und Farbstoffe gebildet werden, es geht um den Eigengeschmack der Lebensmittel. Zwei Beispiele machen deutlich, wie es funktioniert. Zuerst das Dünsten von Gemüse: Das Kochgeschirr bei mittlerer Hitze aufheizen, etwas Fettstoff nach Wahl zugeben, das geschnittene Gemüse zum Fettstoff geben, sofort salzen und wie bei allen Gemüsesorten etwas Zucker zugeben. Salz und Zucker entziehen dem Gemüse etwas von der eigenen Flüssigkeit, die sich bildende Flüssigkeit ist ein Teil der Garflüssigkeit. Das Gemüse so lange wenden, bis sich der Fettstoff mit dem Gemüse gut vermischt hat. Danach nur sehr wenig Wasser oder Gemüsebrühe zugeben, sofort

HEISSER WETTKAMPF

Fünf Kochmethoden treten gegeneinander an. Wer wird Energiesparsieger? Wir haben mal ganz genau nachgemessen.

TOPF-KATEGORIE	ENERGIE-VERBRAUCH	KOCHZEIT/ GESAMTZEIT	KAUF-PREIS
KOCHTOPF 	0,170 kWh	23,5 min / 23,5 min	15–100 Euro
SCHNELLKOCHTOPF 	0,150 kWh	12 min / 12 min	200 Euro
KOCHTOPF + THERMOBOX 	0,122 kWh	6,5 min / 47 min	35 Euro 120 Euro inkl. passendem Topf
KOCHTOPF + KOCHSACK 	0,107 kWh	6 min / 51 min	120 Euro + Kosten für passenden Topf
MIKROWELLE 	0,179 kWh	13 min / 13 min	50–225 Euro

den Deckel auflegen und alles bei sehr kleiner Hitze garen. Abschmecken, Kräuter zugeben – fertig ist das gedünstete Gemüse. Für das Dünsten von Fleisch gelten die gleichen Startbedingungen. Das Fleisch von allen Seiten langsam angaren, keine Röst- oder Farbstoffe bilden, danach würzen, etwas Fond nach Wahl zugeben und mit aufgelegtem Deckel bei sehr kleiner Hitze garen. Diese Lebensmittel eignen sich für das Dünsten: Gemüse, Geflügelbrust, Fisch, helles Schlachtfleisch, Pilze, Obst.

Das hellbraun Dünsten (Poelieren): Diese Garmethode macht Ihnen das Kochen leicht, das Gericht kocht sich quasi von selbst. Wie beim Dünsten soll das Gargut in seinem eigenen Geschmack und Saft garen, hierbei wird keine Flüssigkeit zugegeben. Das hellbraun Dünsten geschieht im Backofen bei maximal 140 Grad Celsius und mit geschlossenem Deckel. Wie der Name schon sagt: Etwas Farbe soll sich bilden, aber auf keinen Fall eine Kruste oder kräftige Röstaromen. Die Zubereitung am Beispiel von Hähnchenkeulen: Einen flachen Topf oder eine hohe Schmorpfanne verwenden. Den Boden mit klein gewürfeltem Suppengrün auslegen, die Hähnchenkeulen von allen Seiten würzen und auf dem Suppengrün verteilen, etwas zerlassene Butter auf die Hähnchenkeulen pinseln. Den Deckel auflegen und das Kochgeschirr in den Backofen stellen, bei 140 Grad Celsius garen. Die Hähnchenkeulen ab und zu mit dem Fett übergießen. Zum Ende der Garzeit sollten Sie den Deckel abnehmen und den Backofen auf 160 Grad Celsius einstellen. Dadurch erhalten die Hähnchenkeulen eine leichte Farbe. Der entstehende Fleischsaft und das weich gegarte Gemüse dienen als Soße für das Geflügel. Mit dieser Garmethode können Sie auch die Beilagen parallel zubereiten. Inzwischen wissen Sie, dass ein Backofen 1 000 bis 1 500 Watt pro Stunde verbraucht. Garen Sie nur die Hähnchenkeulen, bleibt noch viel ungenutzter Platz im Backofen frei. Das Prinzip „Ein Topf, ein Gericht“ verändern Sie nun so: ein Backofen, ein Menü. Zu den Hähnchenkeulen soll es Gemüse und Kartoffeln geben. Die Lösung: Sie garen gleichzeitig ein Blech mit Kartoffelecken und ein Blech mit Ofengemüse zusammen mit den Hähnchenkeulen. Wenn die Hähnchenkeulen gegart sind, schalten Sie den Backofen auf 180 bis 200 Grad Celsius und geben den Kartoffeln und dem Gemüse die gewünschte Röstung. Somit haben Sie die Energie des Backofens voll ausgenutzt und Sie benötigen kein Kochfeld. Welche Lebensmittel eignen sich für das hellbraun Dünsten? Zartes Mastgeflügel aller Art und zarte Stücke vom Schlachtfleisch aller Art.

Wenn es mal länger dauert

Mit langen Kochzeiten trotzdem Energie einsparen. Geht das? Und ob das geht! Die Garmethoden Kochen, Braten im Ofen, Backen im Ofen und Schmoren im Ofen sind allesamt mit langen Garzeiten und somit auch mit einem hohen Einsatz von Energie verbunden. Es kommt jetzt also darauf an, den hohen Einsatz von Energie maximal auszunutzen. Die Garmethoden im Einzelnen:

Das Kochen: Mit dem Begriff „Kochen" verbinden die meisten von uns das allgemeine Thema Lebensmittelzubereitung. Die Garmethode des Kochens bedeutet hingegen das Garen von Lebensmitteln in viel Flüssigkeit in einem Topf und mit geschlossenem Deckel. Für das Kochen in Wasser ist es immer sinnvoll, einen Wasserkessel zu benutzen. Damit kann das Wasser am schnellsten erhitzt werden. Das so erhitzte Wasser gibt man dann in den vorgeheizten Kochtopf. Damit hätten Sie schon einmal einen Teil der Energie eingespart. Das heiße Kochwasser ist zu teuer, um es nach dem Kochen in den Ausguss zu gießen. Nutzen Sie es noch einmal. Ein Beispiel: Heute gibt es einen Nudelauflauf mit Blumenkohl oder Brokkoli. Die Nudeln müssen Sie kochen, dafür gibt es keine andere Garmethode. Das Gemüse muss auch gegart werden. Sie könnten es dämpfen, aber dann benötigen Sie ein weiteres Kochfeld, einen weiteren Topf, den Sie auch wieder spülen müssen. Kochen Sie zuerst das Gemüse in dem Topf. Das gegarte Gemüse heben Sie mit einer Siebkelle aus dem Wasser oder gießen es auf einem Sieb ab. Das heiße Kochwasser heben Sie aber in jedem Fall auf und kochen darin die Nudeln. Die Nudeln nehmen jetzt beim Kochen dazu noch den Geschmack des Gemüses im Kochwasser an. Für die Soße, die Sie für den Auflauf kochen werden, verwenden Sie ebenfalls ein Teil des aromatisierten Kochwassers. Die gelöste Stärke der Nudeln im Kochwasser bindet zum Teil Ihre Soße. Mehr geht nicht. Die Zitrone ist jetzt wirklich ausgequetscht.

Beim Braten und Schmoren im Ofen wird ebenfalls viel Energie benötigt, nicht wegen der Temperaturen, sondern wegen der langen Garzeit. Die Gartemperatur liegt bei beiden Garmethoden um die 150 Grad Celsius, die Garzeit je nach Gargut zwischen einer und vier Stunden. Für das Braten im Ofen verwendet man in der Regel das Backblech oder einen offenen, großen und nicht zu hohen Topf. Das Gargut wird auf einem Rost oder zum Teil in Flüssigkeit liegend gegart. Eine Farbgebung und die Bildung von Röstaromen sind gewollt. Für das Schmoren im Topf wird ein möglichst schwerer Topf aus Stahl, besser aus Guss verwendet. Der Deckel muss hierbei immer aufgelegt werden. Beim Schmoren soll der Schmortopf immer so groß sein, dass das Gargut und die Flüssigkeit gerade so hinein passen. Das Gargut soll von der Garflüssigkeit fast vollständig umgeben sein. Der hohe Einsatz von Energie bei dieser Garmethode zwingt fast dazu, den Backofen nicht nur mit einem Backblech oder einem Schmortopf zur Hälfte befüllt einzuschalten. Die Lösung: Wie beim hellbraun Dünsten möglichst die Beilagen und das Gemüse ebenfalls parallel im Backofen garen. Sie könnten Backkartoffeln in Folie, ein Kartoffelgratin oder ein Gemüse-Kartoffel-Gratin und geröstetes Gemüse vom Blech als Beilagen zu dem Schmor- oder Bratengericht einplanen. Die Herdplatten bleiben kalt. Ein Backofen – ein ganzes Menü.

VIEL HEISSE LUFT UMS OFENREINIGEN: Im Frühjahr 2023 hat die Stiftung Warentest elf elektrische Einbaubacköfen mit Pyrolyse-Selbstreinigung im Test unter die Lupe genommen. Zwar liefern drei Modelle für knapp 700 Euro in Sachen Braten und Backen gute Ergebnisse, aber die Pyrolyse enttäuscht bei allen. Großer Aufwand, kleine Wirkung: Obwohl ein Reinigungsgang zwischen 90 und 180 Minuten dauert und dabei Energie für 1,50 bis 3 Euro frisst, bleiben Spuren von eingebrannten Essensresten zurück. Einige Türen werden dabei so heiß, dass Verbrennungsgefahr besteht.

Das Backen im Ofen: Hierfür werden Temperaturen von 200 Grad Celsius oder mehr benötigt. Ein Vorheizen des Backofens ist bis auf wenige Ausnahmen nicht erforderlich (mehr zu diesem Thema auf Seite 75). In der Hochzeit der Corona-Pandemie haben viele Menschen das Brotbacken wiederentdeckt. Bei den heutigen Energiepreisen sollte kein Brot allein gebacken werden. Backen Sie also gleich zwei, drei oder vier Brote, damit der Backofen vollständig ausgenutzt wird. Brot können Sie ohne Qualitätsverlust einfrieren, vorausgesetzt, Sie haben genügend freien Platz im Tiefkühlgerät. Das Brot sollten Sie nach dem vollständigen Auskühlen, am besten erst am Folgetag, in Scheiben schneiden und dann in beliebiger Portionsgröße einfrieren.

Einmal gekocht – mehrmals serviert

Neben dem Einsparen von Energie brennt vielen Berufstätigen noch ein anderes Thema unter den Nägeln: Kochen, Beruf und Familie unter einen Hut zu bringen. Der Faktor Zeit ist oft entscheidend. Beim Kochen muss es meistens schnell gehen. Aber bevor Sie dann zu Fertiggerichten greifen, könnten Sie Ihre eigenen Fertiggerichte oder vielmehr vorgefertigten Gerichte einsetzen. Kochen Sie von allem einfach etwas mehr und die nächste oder die nächsten Mahlzeiten benötigen für die Zubereitung weniger Zeit. Dem Kochtopf für die Nudeln ist es egal, ob Sie zwei, vier oder sechs Portionen Nudeln auf einmal kochen. Die bewusst mehr gekochten Nudeln sparen Ihnen aber viel Zeit und Energie ein.

Beim Kochen oder Dämpfen setzen Sie dieses Prinzip so um: Sie kochen für den heutigen Tag Nudeln, Reis oder Spätzle oder Sie dämpfen Kartoffeln. Aber warum nur für heute? Wählen Sie einen etwas größeren Topf und garen Sie diese Stärkebeilagen für den nächsten Tag oder für die nächsten Tage mit. Sie sparen damit viel Zeit und vor allem Energie. Die Lebensmittel sind vorgegart und sie benötigen für die Weiterverarbeitung weniger oder auch keine weitere Energie. Natürlich wollen Sie nicht tagelang das Gleiche essen. Zum Glück gibt es jede Menge Möglichkeiten für die vielseitigen Sattmacher: Aus den Kartoffeln können Sie Salate, schnelle Kartoffel-Gemüse-Pfannen, Stampfkartoffeln, ein Gratin und natürlich leckere Bratkartoffeln zubereiten. Spätzle können Sie auch für die schnellen „Eine-Pfanne-Gerichte" verwenden, für Aufläufe und für Käsespätzle. Reis und Nudeln sind ebenfalls ein Fall für „Eine-Pfanne-Gerichte". Gemüse oder Fleisch mit Gemüse in einer Pfanne fix angaren, Nudeln oder Reis dazu – fertig sind schnelle Reis- und Nudelgerichte, vegetarisch oder mit Fleisch oder Fisch.

Wintergemüse wie Grünkohl, Sauerkraut und Rotkohl sind ideale Kandidaten, um von Anfang an in größeren Mengen gekocht zu werden. Sie eignen sich hervorragend für das Aufwärmen, denn dann schmecken Sie besser als am ersten Tag.

Rindergulasch, Sauerbraten, Rinderbraten und Rinderrouladen, Kohl- oder Wirsingrouladen, Schweinebraten und Kasslerbraten – für das Aufwärmen sind sie alle wie geschaffen. Sie benötigen für das Garen aufgrund der langen Garzeit im Backofen relativ viel Energie. Ein Grund mehr, direkt für zwei Tage zu kochen. Damit die Qualität der Bratengerichte erhalten bleibt und diese beim Aufwärmen nicht trocken werden, sollten Sie die Braten für die zweite Mahlzeit in Scheiben schneiden und vollständig mit der Soße bedecken. So kann der Braten auch in seinem eigenen Fond geschützt gut eingefroren werden. Zum Aufwärmen geben Sie zuerst die Soße in den Topf, kochen diese einmal auf, reduzieren dann die Hitze und erwärmen die Bratenscheiben in der Soße unterhalb des Siedepunktes.

Nichts eignet sich besser zum Aufwärmen als Eintöpfe und Suppen. Diese können zum Abendbrot als wärmende Sattmacher eingeplant werden, gerade in den kalten Monaten. Belegte Brote, eingemachte Gurken dazu und eine große Tasse dampfenden Eintopf oder eine sättigende Cremesuppe: ein vollwertiges Abendessen, mit sehr wenig Energie und Zeit zubereitet. Eintöpfe aus Hülsenfrüchten, also der Erbseneintopf, Linseneintopf und Bohneneintopf, dicken beim Auskühlen etwas nach. Daher müssen Sie beim Aufwärmen immer etwas Wasser oder Brühe hinzufügen. Bei Kartoffel-Gemüse-Eintöpfen sollten Sie die Menge, die Sie für die zweite Mahlzeit mitkochen, schon dann aus dem Topf abnehmen, wenn der Eintopf zu zwei Dritteln gegart ist. Dadurch bleibt der Eintopf nach dem möglichst schnellen Abkühlen oder dem Einfrieren auch dann noch bissfest, wenn Sie ihn wieder aufwärmen. Die frischen Kräuter zum Schluss geben Sie daher immer erst am Tag des Verzehrs nach dem Kochen beziehungsweise dem Aufwärmen zum Gericht. Eintöpfe mit Nudeln oder Reis eignen sich nicht zum Aufwärmen. Die Nudeln verkochen und der Reis quillt soweit auf, dass er breiig wird.

Fazit: Es gibt auch noch ein Morgen. Nutzen Sie die knappe Zeit und sparen Sie wertvolle Energie ein, indem Sie möglichst immer geeignete Lebensmittel für den nächsten Tag oder für eine weitere Mahlzeit mitkochen.

Fertigkost – wenn Bequemlichkeit krank macht

Effizient und energiesparend kochen? Klar, werden da einige meinen, da geht man doch gerne mit gutem Beispiel voran: Mikrowelle auf, Mikrowellenmahlzeit rein, Mikrowelle zu. Und danach gleich zur Selbstfürsorge auf die Couch – ganz nach der Devise „Ich bin nicht faul, ich bin im Energiesparmodus“. Das riesige, oftmals sehr schmackhafte Angebot an Convenience Food macht es uns schon sehr leicht, den Herd links liegen zu lassen und nicht selbst zu kochen. Doch wenn die Bequemlichkeit immer öfter gewinnt, wer verliert dann eigentlich? Leider Ihre Gesundheit.

Fertigkost wie Mikrowellengerichte, Tiefkühlpizzen und Doseneintöpfe ist immer griffbereit, wenn es mal schnell gehen muss und man sich keinen Stress machen will. Doch meist wird unterschätzt, welche Mengen an Zucker, Fett und Salz einem in diesen Produkten so ganz nebenbei untergejubelt werden. Und mit welchem labortechnischen Aufwand an einigen Zutaten herumgewerkelt wird, um die Haltbarkeit zu verlängern, den Geschmack zu maximieren und die Kosten zu minimieren. Daher auch die Bezeichnung hochverarbeitete Lebensmittel.

NIE GENUG: Hochverarbeitete Lebensmittel liefern massig Kalorien, aber oft nur ein sehr verzögertes Sättigungsgefühl: Viele dieser Produkte muss man kaum kauen – sie sind so weich und cremig, dass man in kurzer Zeit Unmengen davon verzehren kann und der Körper mit seinen „Jetzt ist aber mal genug"-Signalen dementsprechend hinterherhinkt.

Man spricht in diesem Zusammenhang auch von „leeren Kalorien": Hochverarbeitetes gibt dem Körper viel Energie, aber kaum lebenswichtige Nährstoffe. Vitamine, Mineralien und Ballaststoffe – Fehlanzeige! Zu den üblichen Leere-Kalorien-Lieferanten gehören: Weißmehlprodukte wie Toastbrot und Fertiggebäck, Kartoffelchips, Süßigkeiten und zuckerhaltige Getränke wie Limonaden und Cola. Aber Vorsicht: Auch wenn Sie sich vegetarisch oder vegan ernähren, heißt das nicht, dass Sie automatisch gesund leben. Handelt es sich um vegane Fertigprodukte, die etwa Fleisch und Käse nachahmen, dann sind diese oft sehr fett- und kalorienreich, salzig sowie mit allerlei Zusatzstoffen gespickt. Wer zu viel davon verzehrt, ist auf dem besten Wege, ein Junkfood-Veganer zu werden. Essen Sie diese stark verarbeiteten Imitate also nur in Maßen. Um sich ausgewogen zu ernähren, sollten Sie Ihren Schwerpunkt auf Vollwertkost legen: frisches Obst, rohes oder gedünstetes Gemüse, Hülsenfrüchte, Getreideprodukte.

Wissenschaftliche Ernährungsstudien haben gezeigt, dass ein übermäßiger Konsum von hochverarbeiteten Lebensmitteln wahrscheinlich dazu führt, das Risiko für Übergewicht, Adipositas, Blut-

KOCHEN MIT DEN KIDS

Führen Sie Ihre Kinder spielerisch ans Kochen heran, damit sie das selbstständige Zubereiten gesunder Speisen erlernen. Das Wichtigste dabei: ganz viel Spaß! Welche Tätigkeiten für welches Alter geeignet sind, zeigen wir hier.

1½ Jahre

In diesem Alter können Sie Ihr Kind als kleinen Kurier mit einbinden: Lassen Sie sich Gemüse, Löffel usw. reichen. Früh übt sich, wer ein Meister werden will – oder später mal nicht nur Tiefkühlpizza essen mag.

2 Jahre

Mit ca. 2 Jahren können Kids beim Rühren von cremigen Speisen wie Quark helfen. Gibt es Lebensmittel zu sortieren? Auch das kriegen sie hin. Und im Garten sind sie flink als Erntehelfer unterwegs.

3 Jahre

Jetzt sind Ihre Kinder ganz begeistert, wenn es darum geht, etwas zähere Massen wie Kuchenteig zu rühren. Außerdem sind sie nun in der Lage, frisches Obst und Gemüse zu waschen.

4 Jahre

Ab ungefähr 4 Jahren ist das Decken und Abräumen des Tischs angesagt. Und mit einem kindgerechten Messer ausgerüstet, schnippeln sie liebend gerne weiche Nahrungsmittel.

hochdruck, Typ-2-Diabetes und Herz-Kreislauf-Erkrankungen zu erhöhen. Weitere Studien berichten, dass Hochverarbeitetes etwa Brust- und Darmkrebs, Depressionen und Demenz triggern könnten.

Was lässt sich also tun? Je weniger Hochverarbeitetes Sie essen, desto besser. Wer selbst kocht, hat alle Hebel in der Hand und kann Zucker, Fett und Salz ganz eigenverantwortlich dosieren. Orientieren Sie sich an den Nährwertlisten auf den Lebensmittelverpackungen und dem Nutri-Score, die Auskunft über die Mengen von Zucker, Fett und Salz geben. Wenn die Aufzählung der Zusatzstoffe auf der Packung unendlich lang ist und somit auf eine starke Verarbeitung des Produkts hindeutet, greifen Sie lieber zu einer gesünderen, frischeren Alternative – sobald man ein Chemiestudium absolviert haben muss, um die Zutatenliste zu durchschauen, läuft was schief.

Was Ihre Kochfelder so alles können

Welche Vor- und Nachteile haben verschiedene Arten, Speisen zu erhitzen, und wie viel Energie verbrauchen sie?

Sie haben im täglichen Ablauf alle Ressourcen erschöpft, um mit möglichst wenig Energie die Kochprozesse effektiv umzusetzen. Dabei arbeiten Sie entweder mit einem Gaskochfeld (Hitzegewinnung durch Verbrennungswärme), mit einem Wärmestrahlungskochfeld (Hitzegewinnung durch Wärmestrahlung) oder mit einem Induktionskochfeld (Hitzegewinnung durch ein Magnetfeld).

Vielleicht fragen Sie sich, ob es sinnvoll wäre, den alten und noch funktionierenden Herd gegen einen neuen auszutauschen, um Energie einzusparen? Die Antwort darauf lautet in den allermeisten Fällen: Nein, es lohnt sich nicht. Die modernen Induktionskochfelder verbrauchen zwar bis zu 40 Prozent weniger Energie als ein Herd mit den alten Gussplatten. Dagegen stehen aber die Investitionskosten und gegebenenfalls zusätzlich die Anschaffung neuer Töpfe und Pfannen. Zwar sind heute fast alle Kochgeschirre induktionsgeeignet, aber gerade beim Induktionskochfeld kommt es besonders darauf an, dass das Kochgeschirr exakt der Kochfeldgröße entspricht.

Das Induktionskochfeld ist das energieeffizienteste Kochfeld. Im Vergleich zu einem Herd kann ein Induktionskochfeld der Energieeffizienzklasse A rund 70 Euro im Jahr für die Energiekosten einsparen. Die Investitionskosten erwirtschaften Sie aber erst nach frühestens sieben bis acht Jahren. Die möglichen Einsparungen hängen natürlich auch davon ab, in welchem zeitlichen Rahmen ein Herd genutzt wird. Tägliches Kochen mit langen Kochzeiten würde die Investitionen schneller einfahren, das ist aber in der Regel dennoch kein hinreichender Grund für einen Neukauf.

Die für Sie wichtige Frage, auf welchem Herd Sie zukünftig kochen möchten, muss also eigentlich erst dann gestellt werden, wenn der vorhandene Herd nicht mehr funktioniert und eine Reparatur sich nicht mehr lohnt. Oder dann, wenn Sie den Erstbezug einer eigenen Wohnung oder einen Umzug planen müssen. Nicht alle Wohnungen bieten die technischen Voraussetzungen für den Betrieb eines Gasherdes.

Im Folgenden erläutern wir Ihnen die Vor- und Nachteile der verschiedenen Arten von Kochfeldern und vergleichen die Energieeffizienz sowie die Energiekosten. Zum Vergleich gehen wir davon aus, dass alle drei Kochfelder 1,5 Liter Wasser auf 90 Grad Celsius erhitzen sollen.

Das Gaskochfeld

Der Wirkungsgrad: Zum Vergleich sollen alle drei Kochfelder 1,5 Liter Wasser auf 90 Grad Celsius erhitzen. Mit Gas dauert dieser Vorgang 13 bis 14 Minuten. Ein Gaskochfeld braucht am längsten, um große Mengen zu erhitzen. Die Gaspreise unterlagen in den letzten drei Jahren sehr großen Schwankungen. Gas war lange Zeit die günstigste Energiequelle für Herd und Backofen. Durch den Wegfall der Gasversorgung aus Russland wurde das Kochen mit Gas aber ebenso teuer wie das Kochen mit Strom. Aktuell haben sich die Preise wieder entspannt. Sie haben aber noch nicht das alte Niveau erreicht. Eine Prognose für die Zukunft macht jedoch deutlich, dass sich alle fossilen Energieträger stetig verteuern werden. Strom aus regenerativen Energiequellen wird sehr wahrscheinlich in Zukunft preisgünstiger sein. Dies gilt es zu bedenken, wenn Sie sich für den Kauf eines Gasherdes entscheiden sollten. Die Vorteile beim Kochen mit Gas: Die Wärme ist sofort da, sie kann stufenlos reguliert werden, die Wärmequelle heizt nicht nach. Jede Art von Kochgeschirr kann verwendet werden, die Auflagefläche des Kochgeschirrs stellt keine technischen oder materiellen Voraussetzungen, selbst die älteste und verbeulteste Pfanne kann benutzt werden. Übergekochtes brennt weniger oder nur punktuell ein, eine Reinigung geht schneller. Das Kochgeschirr muss nicht der Größe des Kochfeldes entsprechen. Allerdings entsteht beim Kochen mit Gas sehr viel Wärme, die an die Luft weitergegeben wird. Die Küche heizt sich gegebenenfalls stark auf. Das Kochgeschirr wird ebenfalls sehr heiß. Die Griffe müssen mit einem Topflappen oder Handtuch angefasst werden. Ein unachtsam aufgelegter Topflappen oder ein Handtuch können unbeaufsichtigt in Brand geraten. Beim Frittieren in einem Topf kann das überschäumende Frittierfett schnell zu einem Küchenbrand führen. Ein technisch einwandfreier Gasherd kann keinen Brand erzeugen, wenn die Gasflamme erlischt. Eine thermoelektrische Zündsicherung sorgt dafür, dass kein Gas austreten kann. Für Kinder besteht gegebenenfalls eine höhere Gefahr möglicher Verbrennungen.

Das Wärmestrahlungskochfeld

1,5 Liter Wasser sind auf dem Wärmestrahlungskochfeld nach sieben bis neun Minuten auf 90 Grad Celsius erwärmt, deutlich schneller als beim Gaskochfeld. Ein Wärmestrahlungskochfeld braucht beim Aufheizen mehr Strom als ein Induktionskochfeld. Jedoch verbraucht es für längere Kochzeiten weniger Strom als ein Induktionskochfeld. Beim Kochen auf einem Wärmestrahlungskochfeld wird keine Abwärme der Wärmequelle in die Raumluft abgegeben. Es wird kein spezielles Kochgeschirr benötigt. Nachteile beim Kochen auf einem Wärmestrahlungskochfeld sind, dass es hier am längsten dauert, bis die Wärmequelle die volle Leistung erreicht hat. Für Gerichte, die nur eine sehr kurze Garzeit beanspruchen, zum Beispiel das Spiegelei zum Frühstück, wird am meisten Energie benötigt. Das Kochgeschirr muss im Gegensatz zum Gasherd eine ebene Fläche besitzen, verbeulte Böden von Pfannen und Töpfen geben die Wärme nicht flächendeckend weiter. Wenn etwas überkocht, brennt das Gargut stark ein, eine Reinigung ist aufwendig.

Das Induktionskochfeld

1,5 Liter sind damit nach drei bis vier Minuten auf 90 Grad Celsius erwärmt. Induktion verbraucht weniger Energie zum Aufheizen als Gas und Wärmestrahlung, braucht zum Fortkochen aber mehr Energie als Wärmestrahlung. Das Kochen auf einem Induktionskochfeld hat viele Vorteile. Die Hitze ist sofort da, es entstehen keine Aufheizzeiten. Für das Kochen mit kurzen Garzeiten wird weniger Strom verbraucht als auf einem Wärmestrahlungskochfeld. Die Kochstelle wärmt nicht nach. Nachdem das Kochgeschirr von der Kochstelle genommen wurde, ist die Kochstelle nur warm, nicht heiß. Übergekochte Milch brennt nicht in die Kochstelle ein, wenn der Topf schnell von der Kochstelle genommen wird.

Allerdings müssen gewisse Bedingungen beachtet werden: Das Kochgeschirr braucht einen ferromagnetischen Kern im Boden (also einen Bestandteil aus Eisen). Der Boden des Kochgeschirrs muss absolut eben sein. Verbeultes Kochgeschirr kann nicht verwendet werden. Das Geschirr muss die Kochfläche vollständig bedecken und es muss von guter Qualität sein. Dünnwandiges Kochgeschirr überlebt oftmals nicht die ersten Kochversuche auf einem Induktionskochfeld. Der Grund dafür: die Power. Die massive Hitze kann das Kochgeschirr verformen und uneben machen. Induktionskochfelder benötigen eine gewisse Erfahrung im Umgang. Für Gerichte mit sehr langen Kochzeiten benötigt ein Induktionskochfeld die meiste Energie.

Beim Kochen auf einem Induktionskochfeld kann es sehr große Qualitätsschwankungen in Bezug auf die vollständige Erwärmung der Kochfelder geben. Im ungünstigsten Fall wird der Rand des Kochgeschirrs gut erwärmt, die Mitte jedoch nicht oder umgekehrt. Das führt zu ungleichmäßigen Bratergebnissen – am Rand fast schon verbrannt, in der Mitte noch keine Röstung. Die Magnetfelder, die die Wärme erzeugen, können dazu führen, dass das Kochgeschirr Geräusche entwickelt. Daher sollten Sie beim Kauf Ihres Kochgeschirrs auf das Umtauschrecht achten. Nicht jeder Topf verträgt sich mit Ihrem Herd. Lassen Sie sich vor dem Kauf eines Induktionskochfeldes auf jeden Fall sehr gut beraten.

KOCHEN FÜR EILIGE: Im Frühling 2022 haben unsere Expertinnen und Experten 14 Induktionskochfelder getestet. Mit Induktion arbeiten Sie schnell und energiesparend: Echte Sprinter schaffen es, 1,5 Liter Wasser in nur drei Minuten von 15 auf 90 Grad zu erhitzen. Ganz schön fix, aber leider nicht flächendeckend: Bei vielen Feldern ist eine ungleichmäßige Verteilung der Wärme zu beobachten – besonders wenn es sich um parallel angeordnete ovale Magnetspulen handelt. Die günstigsten Induktionskochfelder ohne Dunstabzug gibt's bereits für 269 Euro.

Die Funktion von Herzschrittmachern könnte durch die elektromagnetische Strahlung beeinträchtigt werden, wenn das Kochgeschirr die Kochfläche nicht vollständig abdeckt. Das Bundesamt für Strahlenschutz empfiehlt den Betroffenen, medizinischen Rat einzuholen.

Was vom Tage übrig blieb: Delikate Resteküche

Jedes Jahr werden rund 78 Kilogramm Tonnen Lebensmittel pro Kopf allein in Deutschland weggeworfen. So können Sie Verschwendung vermeiden.

Einen großen Teil des Lebensmittelmülls machen Speisereste aus, die in den privaten Haushalten entstehen. Zu den Speiseresten gehören nicht nur die unvermeidbaren Schäl- und Putzverluste von Gemüse und Obst, sondern leider auch Lebensmittel von unseren Tellern oder aus unseren Töpfen, die unnötigerweise keine weitere Verwendung finden. Zur Vermeidung dieser Verschwendung gibt es einige geeignete Gegenmaßnahmen.

Speisereste bei Tisch vermeiden

Das Reduzieren der Speisereste beginn schon am Familientisch. Die Speisen werden in Schüsseln und Platten aufgetischt, jeder kann zugreifen und satt werden. Nur ist das Auge oft größer als der Appetit. Decken Sie daher nicht den größten Teller ein. Auf einem sehr großen Teller legt man immer mehr Speisen auf als auf einem kleineren Teller. Lieber nachlegen, auch mehrmals, als den Teller von Anfang an zu voll zu packen. Es soll jeder satt werden – aber alle Speisen, die vom eigenen Teller nicht aufgegessen werden, kommen in den Müll. Die Speisen, die in den Schüsseln und auf den Platten verbleiben, können für die nächste Mahlzeit noch verwendet werden.

Essen Sie auf der Terrasse oder auf dem Balkon, nehmen Sie möglichst nur so viele kühlpflichtige Lebensmittel mit nach draußen, wie Sie sicher verzehren. Gerade in den warmen Außenbereichen mit direkter Sonneneinstrahlung verderben Butter, Wurst, Käse und Milchprodukte sehr schnell. Die Kühlkette ist unterbrochen und die Lebensmittel können dann nicht mehr zurück in den Kühlschrank.

Wer kennt noch das Bauernfrühstück? Der Begriff steht für ein Resteessen, meistens am Montag aufgetischt. Kartoffeln, Bratenreste und Gemüse sind vom Sonntag übrig geblieben. Alle Zutaten werden pfannengerecht zerkleinert, mit Butter oder Öl in der Pfanne angebraten, wer mag, gibt am Ende der Garzeit noch ein verrührtes Ei dazu – köstlich! Übrigens: Die Grundidee ist in vielen Varianten und unter verschiedenen Namen bekannt: Wenn Ihren Kindern das Bauernfrühstück zu dröge erscheint, gibt es eben Tortilla de patatas – die spanische Variante der Resteverwertung. In Dänemark gibt es eine Variante mit Spiegelei als Biksemad – und in Berlin heißt dieses Gericht Hoppelpoppel.

Speisereste richtig lagern und aufwärmen

Das Bauernfrühstück steht dafür, dass nichts weggeworfen wird, was nicht schon auf dem eigenen Teller gelegen ist. Dafür gibt es auch keinen Grund. Fast alle Lebensmittel sind für eine zweite Chance geeignet, außer bereits mit Marinade vermengter Blattsalat. Es gibt immer noch Warnungen, Pilze, Fisch, Spinat oder Geflügel nicht wieder aufzuwärmen. Begründet wird dies oft mit: unter ungünstigen Umständen …, es könnte …, man sollte …, und so weiter. Sehr viele dieser Hinweise sind Schnee von gestern.

GRUNDREGELN BEI RESTEN: Speisereste gehören so schnell wie möglich zurück in den Kühlschrank, in einem passenden, möglichst kleinen Gefäß oder stramm in Klarsichtfolie eingepackt. Speisereste sollte man nicht in Alufolie einpacken. Der Grund: Viele Lebensmittel reagieren mit der Alufolie. Verarbeiten Sie die Speisereste zeitnah und erhitzen Sie sie beim Aufwärmen auf mindestens 70 Grad Celsius, um mögliche Keime abzutöten.

Wenn diese einfachen Regeln eingehalten werden, gibt es keinen erkennbaren Grund, Speisereste nicht weiter zu verarbeiten.

Ideen für die sinnvolle Verwertung von Speiseresten

Jetzt kommt oft die Frage: Was mache ich mit den wenigen Kartoffeln und dem kleinen Rest Gemüse? Auch da kann das allwissende Orakel im Internet helfen. Heute gibt es Apps oder Internetseiten, in denen die einzelnen Speisekomponenten eingegeben werden können. Daraus zaubert die App dann einen Rezeptvorschlag mitsamt der Anleitung.

Es gibt unzählige Möglichkeiten, Lebensmittel oder Speisen weiter zu verwerten. Selbst Gerichte, die auf den Punkt gegart werden müssen, wie ein schön schlotziges Risotto, können am nächsten Tag ihren zweiten Auftritt hinlegen. Sie fragen sich vielleicht: Wie soll das gehen? Der Risotto ist doch über Nacht im Kühlschrank hart und fest geworden, die Konsistenz ist jetzt alles andere als cremigsämig. Gut so – jetzt kann der Rest einfacher verarbeitet werden. Mischen Sie einfach noch etwas zusätzlichen Parmesan und ein Ei darunter, vielleicht noch passende Kräuter, formen Sie daraus dünne Plätzchen und braten Sie diese in wenig Öl in einer beschichteten Pfanne aus – fertig ist eine köstliche Reisbeilage.

DER PLAN FÜRS RESTE-FEST

Zur schnellen Übersicht hier eine Liste mit den häufigsten Speiseresten und deren Verwendung.

- Kartoffeln: für Salate, Auflauf, Gratin, Kartoffel- oder Gemüsepfanne, Stampf, Bratkartoffeln, Suppen, Eintopf, Kartoffelrösti, Kartoffelklöße, Kartoffelplätzchen und Kartoffelsoufflé
- Nudeln: für eine Frittata mit Gemüse und Eiaufguss, süße Nudelsuppe mit Vanille oder Zimt, pikanter Nudel-Gemüse-Muffin für das Picknick, Salate, Eintopf- oder Suppeneinlage, Nudelpfanne, Auflauf
- Reis: für Reispuffer pikant oder süß, Milchreis mit Kirschen, frittierte Reisbällchen (Arancini) oder gebratene Reisschnitten, gebackene Frühlingsrollen, Reis-Gemüse-Rollen in Reispapier, Salate, Suppen- oder Eintopfeinlage, Auflauf, Reispfanne
- Rohes Gemüse: für Smoothies, als Gemüsepüree einkochen oder einfrieren, für einen fermentierten Suppenstock (Gemüsebrühe aus dem Glas), trocknen und fein mahlen für eine gekörnte Gemüsebrühe
- Gegartes Gemüse: für Cremesuppen, Kartoffel-, Reis- oder Nudelpfanne, Smoothies, italienische Antipasti, Kartoffel-Gemüse-Plätzchen, Frittata, Gemüse süß-sauer eingelegt (Mixed Pickles), Auflauf
- Bratenreste und Fleischreste: als Aufschnitt, für Salate, Eintopf, Kartoffel-, Reis- oder Nudelpfanne
- Gegarter oder geräucherter Fisch: Vermengen mit Frischkäse und Kräutern als Brotaufstrich, Buttermischungen (Lachsbutter, Butter von der Räucherforelle)
- Kräuter: für Kräuteressig, Kräuteröle, Pesto, Smoothies, Kräutersalze
- Brot und Brötchen: kleingewürfelt unter die Teigmasse für selbstgebackenes Brot mengen, Pangritata (geröstete grobe Brotraspel), Füllung für Kartoffelklöße, Semmelknödel und Semmelsoufflé, Paniermehl, Süßspeisen (Ofenschlupfer, Arme Ritter, Kartäuserklöße)
- Kuchenreste von Rührkuchen oder Mürbeteig: mit Obst unter eine Biskuitmasse heben und backen (Kirschmichel)

Vorteil Mikrowellenofen

Wenn es um die Verwertung der Speisereste geht, kann ein Mikrowellenofen sehr viel Energie einsparen. Gerade kleine Überbleibsel erhitzen Mikrowellenbesitzerinnen besser dort als auf dem Herd: In der Zeit, in der ein Topf mit dickem Sandwichboden auf dem Kochfeld die Betriebstemperatur erreicht hat, wären die Speisereste in einem Mikrowellenofen längst erhitzt. Organisieren Sie Ihre Verwertung von Speiseresten gegebenenfalls so, dass Sie alle Speisereste in einem Gefäß lagern, das Sie auch im Mikrowellenofen verwenden können. Damit sparen Sie Spülgut ein.

MIKROWELLE AUF DIE SCHNELLE: Im Winter 2022 haben die Experten und Expertinnen der Stiftung Warentest 17 Mikrowellen untersucht, darunter sechs Kombigeräte mit Grill. Bei den reinen Mikrowellen, die am besten aufwärmen, erhitzen und garen, haben Modelle für um die 150 Euro die Nase vorn. Wer sich zu den Minimalisten zählt, die auf ein Display gerne verzichten, kann bei einem guten Gerät für schlappe 50 Euro zuschlagen. Alle, die überbackene Gerichte wie Aufläufe regelmäßig zubereiten, sollten einen Grill mit in Betracht ziehen: Das beste Kombigerät ist für knapp 220 Euro zu haben.

PERFEKT SPARSAM SPÜLEN

Beliebt ist Spülen nicht gerade. Zum Glück erledigt heute meist die Maschine den Abwasch. Was es bei Reinigung und Pflege von Geschirr zu beachten gilt und wie Sie den Energieverbrauch reduzieren, erfahren Sie in diesem Kapitel.

Wie Sie den Abwasch souverän meistern

Spülmaschinen sparen heute Energie und Wasser im Vergleich zur Handspülung. Wir verraten ein paar Tricks, wie Maschine und Geschirr länger leben.

Eine Spülmaschine gibt es heute in fast jedem Haushalt. Darin kann nahezu das ganze Kochgeschirr und Tischgeschirr gereinigt werden, ohne abzutrocknen. Toll! Bevor die Spülmaschine ihren Siegeszug in unsere Küchen gestartet hat, war der Abwasch reine Handarbeit, verbunden mit einem hohen Verbrauch von Wasser und Energie, um das Wasser zu erwärmen. Gewiss, Abspülen von Hand kann durchaus auch positive Seiten haben, wenn nach dem gemeinsamen Essen in der Familie oder mit Freunden alle mithelfen – dann bietet der Abwasch Zeit für Gespräche und Zusammensein. Aber seien wir ehrlich: Im Alltag ist die leidige Spülerei oft einfach lästig. Und die mögliche Ersparnis an Zeit, Wasser und Energie, die eine Spülmaschine bietet, will auch betrachtet sein.

Um die Spülmaschine effizient und in Sachen Energie sparsam zu nutzen, gib es einige Tipps und Regeln: Eingebrannte Töpfe sollten Sie mit etwas Spülmittel und Wasser einweichen lassen und dann den groben Schmutz mit einem Schwamm oder eine Bürste entfernen. Dann ist weiteres Vorspülen nicht nötig. Im Handgeschirrspülmitteltest der Stiftung Warentest aus dem Juni 2022 erwiesen sich die Konzentrate beim Einweichen als sehr wirksam gegen eingetrocknete Speisereste.

Die meisten Spülmaschinen besitzen Sensoren, die den Grad der Verschmutzung messen und das Spülprogramm anpassen sollen. In den Spülmschinentests reagieren diese Sensoren allerdings oft gar nicht auf unterschiedliche Verschmutzungen oder unterschiedliche Befüllungen. Viele Maschinen fahren tatsächlich immer das gleiche Programm – egal ob angebrannte Töpfe und stark verschmutztes Geschirr darin stehen oder nur ein einzelner sauberer Teller. Es ist deshalb empfehlenswert, sich nicht auf die automatische Steuerung zu verlassen und die Spülmaschine nur im vollen Zustand einzuschalten. Normal verschmutztes Geschirr sollten Sie mit einem Papiertuch oder mit einem Teigschaber vollständig von allen Speiseresten befreien. Das Vorspülen ist nicht notwendig. Das schmutzigste Geschirr gehört nach unten in die Maschine. Alle Besteckteile sollten Sie mit dem Griff nach unten in die Maschine einräumen oder die Besteckschublade benutzen. Starten Sie die Spülmaschine erst dann, wenn sie vollständig beladen ist. Selbst wenn das endgültige Befüllen zwei oder drei Tage dauert, wird das Geschirr vollständig gereinigt.

Welches Programm sollten Sie wählen? Wichtig zu wissen: Automatikprogramme spülen nicht automatisch am besten oder am sparsamsten. Die Öko- oder Eco-Programme sind die sparsamen Programme. Sie benötigen eine längere Spülzeit, dafür aber weniger Energie.

MIT ECO AUF SAUBEREM SPARKURS: Im Sommer 2023 hat die Stiftung Warentest 16 Geschirrspülmaschinen getestet. Das Eco-Programm guter Maschinen reinigt bei um die 50 Grad fast immer besser als die Automatik-Konkurrenz. Das schont den Geldbeutel: Eco spart bis zu 335 Euro Betriebskosten in zehn Jahren. Und auch die Umwelt freut sich: Die Besten verbrauchen pro Spülgang nur eine halbe Kilowattstunde und 8 bis 11 Liter. Wer über genügend Platz verfügt, sollte sich für ein 60 Zentimeter breites Gerät entscheiden, da 45 Zentimeter schmale Modelle weniger effizient arbeiten.

Kurzprogramme sind Stromfresser. Die kurze Spülzeit kostet mehr Energie, weil das Wasser sehr schnell erhitzt wird. Halten Sie die Spülmaschine nicht im Stand-by-Modus und lassen Sie keine zeitversetzten Programme laufen. Erkundigen Sie sich bei Ihrem Versorger nach der Wasserhärte. Wenn Sie Pulver oder Monotabs nutzen, geben Sie die Wasserhärte in den Einstellungen der Maschine an. Dann brauchen Sie aber zusätzlich Klarspüler und ab circa sechs Grad Wasserhärte Regeneriersalz für die Enthärtungsanlage des Geschirrspülers. Multitabs können Sie in der Regel bis zu einer Wasserhärte von 21 Grad ohne Wasserenthärter und Klarspüler nutzen, bei härterem Leitungswasser muss Maschinensalz dazugegeben werden.

ÖKO-TAB HAT DIE NASE VORN: Im Februar 2024 haben die Expertinnen und Experten der Stiftung Warentest 15 Spülmaschinen-Monotabs im Test untersucht – also Reinigungsklötzchen, bei denen weder Klarspüler noch Regeneriersalz zum Wasserenthärten mit inbegriffen sind. Testsieger ist ein Ökoprodukt, das für 37 Cent pro Tab nicht nur den hartnäckigsten Schmutz mühelos entfernt, sondern auch Wasser als wertvolle Ressource weniger belastet. Schnäppchenjäger erhalten ein konventionelles Mittel mit guter Reinigungskraft bereits für 14 Cent pro Tab.

Nicht alle Küchengeräte und Geschirrteile sollten in der Spülmaschine gereinigt werden. Die Inhaltsstoffe der Spülmittel und die Salze in der Spülmaschine reagieren mit dem Spülgut. Oft sind die Temperaturen der Spülprogramme zu hoch, Materialien können sich verformen oder auflösen. Hier eine Auflistung des ungeeigneten Spülgeschirrs:

Was darf nicht in die Spülmaschine?

Alle Teile aus Holz: Das Wasser lässt Holzteile stark aufquellen, beim Trocknen ziehen sie sich wieder zusammen. Dadurch bilden sich mit der Zeit Risse. Verwendete Holzleime können sich auflösen.

Geschmiedete Eisen- und Stahlpfannen: Das Spülen in der Spülmaschine ist bei geschmiedeten Pfannen fast nicht wieder gut zu machen. Diese Pfannen brauchen unbedingt die Patina, die sich nach und nach bei der Benutzung bildet. Das ist ihr natürlicher Antihafteffekt. Geschmiedete Eisenpfannen und Stahlpfannen sollten Sie nach dem Spülen von Hand mit einem Tuch auswischen, wenige Tropfen Speiseöl in die Pfanne geben und mit einem Tuch in der ganzen Pfanne verteilen. So bleibt die Pfanne bis zum nächsten Einsatz vor Rost und Austrocknung geschützt. Ein Tipp zum Schutz der Pfannen: Wer mehrere Pfannen in einem Topfkarussell oder einer Schublade verstaut, der Größe nach sortiert, wie eine russische Matroschka, sollte diese nicht ungeschützt stapeln. Legen Sie einfach ein altes Handtuch oder einen Pfannenschoner aus Filz auf den Pfannenboden.

Schneidemesser: Messer aus Kohlenstoff- oder Carbonstahl sind besonders rostanfällig. Sie gehören auf keinen Fall in die Maschine. Im Internet warnen Schmiedebetriebe aber auch davor, Edelstahlmesser in der Maschine zu spülen. Die Klingen könnten rosten, stumpf und porös werden, heißt es. Auch industrielle Messerfabrikanten raten eher zur Handwäsche. Fest steht: Die von der Stiftung Warentest untersuchten Multitabs schützen Edelstahl in der Regel gut oder sehr gut. Die Klingen sind also nicht in Gefahr. Schlechter dürfte der Maschinenspülgang den Griffen bekommen – die sind oft aus Holz oder Kunststoff. Im Zweifel also lieber von Hand spülen. Und wenn es doch die Maschine sein soll, sollten die Schneidemesser auf jeden Fall kein anderes Besteck berühren, damit sie nicht abwetzen.

Geschirr mit Goldrand: Es bringt zwar Glanz auf den Tisch, aber auch mehr Arbeit, denn edles Geschirr mit Goldrand muss nach der Benutzung mit der Hand gewaschen werden und darf nicht in die Spülmaschine. Die feinen Goldauftragungen werden ansonsten nach und nach durch die Reinigungsmittel und Salze abgetragen.

Teure Gläser: Auch wenn hochwertige Spülmaschinen Glashalterungen haben, in denen selbst langstielige Gläser sicher hängen: Beim Ein- und Ausräumen stößt man leicht mit anderen Geschirrteilen an die Gläser. Zudem besteht die Gefahr der Glaskorrosion.

Materialien aus Zinn, Kupfer, Silber und Messing: Die Spülmittel und Salze reagieren mit den Materialien. Sie verfärben sich nach und nach gräulich-schwarz. Anschließend müssen Sie aufwendig mit passenden Poliermitteln wieder aufpoliert werden.

GRÜNE ALLESKÖNNER: Im Sommer 2023 haben die Expertinnen und Experten der Stiftung Warentest 15 Geschirrspülmaschinen-Multitabs gegeneinander antreten lassen. Multitabs sind komfortable All-in-one-Produkte – Enthärtungssalz und Klarspüler müssen nicht alle paar Wochen separat von Hand nachgefüllt werden. Tolle Nachricht für die Umwelt: Gute Multitabs, die Flüsse und Seen schonen, müssen nicht teurer sein als klassische Schmutzlöser. Für 11 Cent pro Spülgang sind Sie mit dabei.

HILFE, DIE SPÜLMASCHINE SPINNT!

WIESO DENN BLOSS?	AHA!!!
TRÜBE GLÄSER	– Handelt es sich bei dem weißen Schleier um Kalkbelag? Dann mit einem feuchten Tuch und Zitronensäure beseitigen. – Wenn die Glasoberfläche jedoch durch chemische Einflüsse (Glaskorrosion) beschädigt wurde, lässt sich das nicht mehr rückgängig machen. In diesem Fall am besten das Spülmittel wechseln.
GESCHIRR WIRD NICHT SAUBER	– Entfernen Sie grobe Speisereste mit einem Papiertuch, bevor Sie das Geschirr reinstellen. – Räumen Sie Gläser, Teller und Besteck so ein, dass das Wasser aus dem Sprüharm überall hinkommt. – Angebrannte Pfannen vorher einweichen und mit Bürste oder Schwamm vorreinigen. – Überprüfen Sie Sprüharm und Sieb regelmäßig auf Verstopfungen. Gegebenenfalls reinigen.
SCHLIEREN AN EDELSTAHL	– Die regenbogenfarbenen Schlieren lassen sich ganz einfach mit Essig- oder Zitronensäure beseitigen..
FLUGROST	– Verwenden Sie zum Entfernen einen Edelstahlreiniger. – Oder: Legen Sie die verrosteten Geräte in ein warmes Essigwasserbad. Mischen Sie hierfür Essig und Wasser im Verhältnis 1:5. Eine Stunde einweichen lassen und dann sorgfältig abtrocknen.
MASCHINE MÜFFELT	– Reinigen Sie das Sieb mal wieder und checken Sie, ob Speisereste in den Löchern der Sprüharme stecken. – Wischen Sie die Dichtungsgummis der Tür sauber. – Gönnen Sie der Maschine einmal im Monat ein Intensivprogramm mit Tab oder Pulver.
HOHES GESCHIRR PASST NICHT	– Der unterere Korb ist ganz voll und Sie wollen oben etwas Größeres reinstellen, das von der Höhe her nicht passt? Kein Problem: Der obere Geschirrkorb lässt sich nach oben und unten versetzen. Die gewünschte Höhe stellen Sie per Hebel am oberen Korb ein.

Unverwüstliche Alleskönner: Geschmiedete Pfannen

Die Besonderheit bei geschmiedeten Eisen- und Stahlpfannen ist, dass sie eine Patina benötigen. Patina hört sich vielleicht an wie: nicht richtig sauber gemacht. Aber das muss unbedingt so sein. Eine geschmiedete Eisenpfanne müssen Sie vor der ersten Benutzung in der Regel erst einmal einbrennen. Das bedeutet, Kartoffelscheiben oder Kartoffelschalen und Salz mit Öl in der Pfanne lange zu erhitzen. Dadurch entsteht eine Antihaftbeschichtung. Das Öl dringt in die Eisenstruktur ein, das Salz holt letzte Verunreinigungen aus dem Metall und die Kartoffelstärke erzeugt den Antihafteffekt.

Eine einmal richtig eingebrannte geschmiedete Eisenpfanne hat einen langlebigen Schutz. Die Antihaftwirkung ist nicht so stark wie bei einer Teflon- oder Keramikpfanne, dafür aber langlebiger. Das Schöne daran ist, dass sich dieser Vorgang beliebig wiederholen lässt. Zum Schutz der Pfanne sollten Sie hier auch nur Pfannenwender oder Kochlöffel aus Holz oder Kunststoff verwenden. Vermeiden Sie das Einbringen von Kratzern auf der Pfanneninnenseite. Die notwendige Patina entsteht also zum einen durch das Einbrennen, zum anderen durch den Gebrauch der Pfanne. Eine Verschmutzung der Pfanne auf der Außenseite möglichst auch nur mit klarem Wasser und einem Scheuerschwamm entfernen. Da die Pfanne beschichtet ist, reichen immer ein weiches Tuch oder ein weicher Schwamm zur Reinigung. Vor der nächsten Benutzung entfernen Sie den dünnen Speiseölfilm mit einem Küchenpapier. Die Pfanne wird beim Aufheizen sterilisiert. Damit die Pfanne beim Stapeln im Küchenschrank keine Kratzer bekommt, auch immer ein altes Handtuch, einen Pfannenschoner oder zumindest ein Küchenpapier auf die Pfanneninnenseite legen.

Diese Pfannen vertragen sehr hohe Temperaturen. Da sie keine Kunststoff- oder Holzbestandteile besitzen, können sie auch zum Gratinieren oder Überbacken im sehr heißen Backofen oder im geschlossenen Outdoor-Grill eingesetzt werden. Auch für den Induktionsherd sind sie geeignet. Geschmiedete Pfannen sind fast unverwüstlich, wenn sie wie beschrieben gepflegt und behandelt werden. Sie sind perfekt geeignet, um Bratkartoffeln oder Steaks zuzubereiten. Die Hitze wird optimal an das Gargut weitergegeben, die Besonderheit der Patina macht den Rest. Keramikpfannen und beschichtete Pfannen kommen an dieses Bratergebnis nicht heran.

Ohne geht nichts: Scharfe Messer

Auch Ihre wertvollen Schneidemesser gilt es besonders zu hüten. In der Profiküche hat jeder Koch seine eigenen Messer. Egal, wo oder bei wem er arbeitet – er hat seine eigenen Messer immer dabei. Ein Messer ist mehr als ein Schneidewerkzeug, es ist die Verlängerung der Hand. Meine eigenen Kochmesser begleiten mich jetzt seit 1978. Zur Zwischenprüfung durfte ich als Geschenk eine Messertasche zusammenstellen. Mit diesen Messern schneide ich noch heute. Eine gute Pflege macht das möglich. Für die Aufbewahrung Ihrer Messer in der Küche gibt es mehrere Möglichkeiten:

1 **DIE AUFBEWAHRUNG IN EINEM HOLZBLOCK:** Einen Messerblock können Sie mit und ohne die zugehörigen Messer kaufen. Bei der Aufbewahrung im Messerblock sind die Schneiden geschützt und die Messer sind immer griffbereit. Der Platzbedarf ist gering und Sie können den Messerblock platzieren, wo immer Sie möchten.

2 **DIE AUFBEWAHRUNG AN EINER MAGNETLEISTE IN DER KÜCHE:** Auch an einer Magnetleiste sind Ihre Messer immer griffbereit. Jedoch brauchen Sie hierfür eine große und freie Wandfläche, sinnvollerweise über Ihrer Arbeitsfläche. Da beim Kochen immer ein Dunst aus Dampf und Fett entsteht, sind die Messer auch von diesem Dunst umgeben. Daher die Messer vor der Benutzung mit einem Tuch abwischen. Vorsicht: Die Messer niemals über die Schneide von der Magnetleiste lösen!

3 **DIE AUFBEWAHRUNG IN EINER HOLZABLAGE IN DER KÜCHENSCHUBLADE:** Dazu gibt es verschieden Modelle für alle Schubladengrößen. Die Messerschneide ruht dabei auf einer Holzablage. Es besteht somit auch keine Gefahr der Verletzung, wenn Sie in diese Schublade greifen. Die Messer bleiben vor Verunreinigungen geschützt. Die Arbeitsflächen in der Küche bleiben frei.

4 **DIE AUFBEWAHRUNG IN EINER SAMMELSCHUBLADE IN DER KÜCHE:** die ungünstigste Variante, da sie oft der Klinge schadet. Metall reibt an Metall. Die Klinge kann durch Stoßstellen kleine Einkerbungen erhalten, wodurch sie sich dann eher in eine Säge verwandelt. Zudem steigt durch eine Sammelschublade die Verletzungsgefahr.

Ein wirklich scharfes Messer verringert die Verletzungsgefahr, wenn Sie sich doch einmal schneiden sollten. Wie das? Mit einem scharfen Messer verursachen Sie einen glatten Schnitt, wie mit einem Skalpell. Mit einem stumpfen Messer erzeugen Sie eher Risswunden, die nicht so schnell heilen und sehr viel länger bluten als bei einem Schnitt mit einem scharfen Messer. Also wenn schon eine Schnittwunde, dann bitte mit einem scharfen Messer. Daher sollten Sie vor jeder Benutzung Ihre Messer schärfen. Dazu gibt es den klassischen Abzieh- oder Wetzstahl. Die Handhabung erfordert etwas Übung. Es kommt dabei darauf an, die Messerklinge in einem Winkel von etwa 30 Grad beidseitig über den Wetzstahl zu ziehen.

Inzwischen bietet der Handel aber auch Abziehhilfen oder Messerschärfer an, die für den Haushalt eine sinnvolle Hilfe sein können. Entweder als elektrische oder manuelle Variante. Dabei ziehen Sie Ihre Messer durch eine Vorrichtung, die den Winkel von 30 Grad eingestellt hat. Sie können also nichts verkehrt machen. Mit elektrischen Messerschärfern können Sie auch wirklich abgenutzte Klingen wieder auf Vordermann bringen. Ein Grobschliff, ein Feinschliff und ein Polierschliff verwandeln jede Klinge wieder in ein wertvolles Werkzeug. Der Nachteil: Sie brauchen eine Steckdose und haben gegebenenfalls wieder etwas auf der knappen Arbeitsfläche herumstehen. Egal, wie Sie sich entscheiden – eine einmalige Investition in eine gute Auswahl hochwertiger Küchenmesser nach Ihrem Bedarf und eine gute Pflege wird Ihnen beim Kochen für sehr viele Jahre Freude machen und das Arbeiten erheblich erleichtern.

Die Pflege der Spülmaschine

Damit die Spülmaschine lange und ohne unnötige Reparaturen energiesparend eingesetzt werden kann, braucht sie Pflege. Das Wichtigste ist, die Spülmaschine stets sauber zu halten und alle Speisereste aus der Maschine zu entfernen. Einmal im Monat sollten Sie ein Hygieneprogramm oder ein Programm laufen lassen, bei dem 65 bis 70 Grad Celsius erreicht werden.

Überprüfen Sie alle Siebe regelmäßig auf Verschmutzungen und reinigen Sie sie gegebenenfalls. Überprüfen Sie auch die Düsen in den Spülarmen auf Verstopfungen und kontrollieren Sie die freie Rotation der Spülarme. Was oft vergessen wird: Auch die Gummis der Türdichtung sollten Sie sauber halten und regelmäßig abwischen.

Geben Sie auf keinen Fall rostiges Spülgut oder Besteckteile mit Flugrost in die Spülmaschine. Der Rost wird in der Maschine sonst auf alle Metallteile verteilt werden. Ist doch versehentlich ein rostiges Teil in die Maschine geraten, kann beim nächsten Spülgang ein kleiner Ball aus Alufolie mit in die Spülmaschine gegeben werden. Aluminium oxidiert schneller als Edelstahl. Der Flugrost haftet daher am Aluminium und nicht am Edelstahl.

So spült man sparsam von Hand

Studien belegen: Grundsätzlich spülen Spülmaschinen nicht nur sparsamer, sondern auch hygienischer als viele Menschen, die per Hand spülen (zum Beispiel, weil kein keimiger Schwamm zum Einsatz kommt und hohe Temperaturen beim Trocknen herrschen). Dennoch muss oder soll gelegentlich von Hand gespült werden, vielleicht weil Sie benutztes Geschirr gleich wieder verwenden wollen und nicht warten möchten, bis die Spülmaschine voll ist und der Spülgang beendet. Befreien Sie das Spülgut so gut wie möglich mit einem Küchenpapier oder mit einem flexiblen Teigschaber (auch Gummizunge genannt) von allen Speiseresten. Spülen Sie nicht unter fließendem Wasser! Entsorgen Sie Speisereste im Müll oder in der Biomülltonne, nicht im Klo oder über den Abfluss der Spüle.

Lassen Sie zuerst das warme Wasser in das Spülbecken, gegebenenfalls können Sie einen Teil des Wassers mit dem Wasserkocher erhitzen. Erst danach sollten Sie das Spülmittel in das Spülwasser geben, so entsteht kein Schaum und das Geschirr trocknet schneller.

KONZENTRIERTE KRAFTPAKETE: Im Sommer 2022 hat die Stiftung Warentest 25 Handgeschirrspülmittel untersucht. Eindeutige Abwaschsieger, die einem das Bürsten und Schrubben sehr erleichtern, sind die Konzentrate. Im Vergleich zum klassischen Spülmittel überzeugen sie durch ihre Ergiebigkeit und die beste Reinigungspower gegen Verkrustungen und Fettschmutz. Wichtig ist, bei der Dosierung nicht zu übertreiben! Ein Teelöffel genügt für fünf Liter Spülwasser und für reichlich Geschirr. Der sehr gute Testsieger kostet 77 Cent für 100 Spülgänge, gute Konzentrate gibt es bereits ab 69 Cent.

TRAUMHAFT SAUBER

Damit Ihr Traum vom sauberen Geschirr nicht wie eine Seifenblase zerplatzt, hier noch einige nützliche Tipps rund ums Spülen.

SPÜLTAB
Ist die Klappe der Spülkammer defekt, den Tab bis zur Reparatur auf den Maschinenboden oder in den Besteckkorb legen. Nachteil: Er löst sich schon beim Vorspülen teils auf.

BABYBEDARF
Flaschen, Löffel und Sauger bei 65 Grad in der Maschine säubern und anschließend trocknen.

VERFÄRBT
·Sind Kunststoffdosen von Tomatensoße oder Ähnlichem verfärbt, legen Sie sie bei Sonnenschein für ein paar Stunden nach draußen. Die UV-Strahlung bleicht sie etwas aus.

S A U B E R

SCHAUM
·Achten Sie beim Spülen von Hand darauf, dass das Wasser nicht zu stark schäumt. Viel Schaum reinigt nicht besser. Im Gegenteil: Der Schaum trocknet auf dem Geschirr und bildet dort einen Seifenfilm.

ENGE VASEN
In Gefäße, die sich schwer reinigen lassen, einen Tab Gebissreiniger geben und sprudeln lassen.

KUNSTSTOFF
Fixieren Sie leichte Behälter aus Plastik, etwa Frischhalteboxen, in der Spülmaschine. Der Wasserdruck wirft sie leicht um. So füllen sie sich mit Wasser und werden nicht sauber.

Spülen Sie das Geschirr in der Reihenfolge von leicht nach stark verschmutzt. Das Nachspülen ist eigentlich nicht nötig. Wenn doch nachgespült werden soll, geben Sie handwarmes Wasser in das zweite Waschbecken oder in eine Schüssel. Mit kaltem Wasser nachzuspülen ist nicht ratsam, da sich durch die verlängerte Trocknungszeit Wasserflecken auf dem Geschirr bilden können.

Das Spülgut sollten Sie nach der Reinigung auf einem Abtropfgestell von der Luft trocknen lassen. Wenn Sie Geschirrhandtücher benutzen, wechseln Sie diese aus hygienischen Gründen regelmäßig und waschen Sie die gebrauchten Tücher bei 60 Grad mit Vollwaschmittelpulver. Dasselbe gilt für Spültücher aus Stoff. Spülschwämme sollten Sie regelmäßig austauschen – spätestens wenn sie anfangen zu riechen.

Spülbürsten verkeimen weniger als Spültücher und Spülschwämme. Bei Edelstahlschwämmen sollte man nach der Benutzung das Wasser gut ausschlagen und den Schwamm dann an der Luft trocken lassen, damit sich keine Keime und kein Rost bilden können.

Lohnt sich eine neue Spülmaschine, um mehr Energie einzusparen?

Auf diese Frage gibt es eine ganz klare Antwort: Nein. Wenn Ihre Spülmaschine einwandfrei funktioniert und keine kostspieligen Reparaturen bevorstehen, kann die alte Spülmaschine ohne Bedenken weiter eingesetzt werden. Das gilt ausdrücklich auch dann, wenn der Wasserverbrauch und der Stromverbrauch bei einem neuen Gerät eine deutlich bessere Energiebilanz aufweisen. Denn bis die möglichen Einsparungen bei Strom und Wasser die Anschaffungskosten eines Neugeräts aufwiegen, vergehen viele Jahre. Ein funktionierendes Gerät zu ersetzen, ist auch im Sinne der Ökobilanz und der Nachhaltigkeit nicht sinnvoll. Vergessen Sie nicht, wie viele Ressourcen nötig sind, um eine Spülmaschine zu produzieren und auf den Weg zu bringen.

RICHTIG PUTZEN

Manch ein Putzschrank macht dem Drogeriemarkt Konkurrenz. Die gute Nachricht: Mit einer kleinen Auswahl an Reinigungsmitteln können Sie Ihren Haushalt sauber und hygienisch halten.

Wie viel Hygiene braucht es wirklich?

Ob es um den Körper geht oder den Haushalt: Heutzutage sind die Hygienestandards sehr hoch. Die Frage ist, ob das alles so seine Berechtigung hat.

Wir wünschen uns alles blitzblank, wenn möglich noch desinfiziert. Für jedes Problem gibt es das passende Reinigungsmittel, das Angebot ist kaum überschaubar. Dieses sterile Leben bezahlen wir aber immer öfter mit einer Schwächung des Immunsystems und einer Zunahme der Allergien. Daher möchte ich mit Ihnen eine kleine Zeitreise in meine eigene Kindheit unternehmen, die vielleicht dabei hilft, unsere strengen Sauberkeitsvorstellungen zu relativieren.

Ich war ungefähr drei Jahre alt, ich konnte gut laufen und wegrennen. Ich konnte meine Wünsche äußern, ich konnte auch Nein sagen, wenn ich etwas nicht wollte. Ich war also bereit für alle Abenteuer, die auf Kinder warteten, wenn sie auf dem Land aufwuchsen und den Tag ohne die Aufsicht der Eltern verbringen durften. Das war unsere Kita. Morgens aus dem Haus, zum Mittagessen um 12 Uhr mussten wir pünktlich zu Hause sein. Danach wieder zurück in die freie Welt. Wenn die Kirchturmuhr abends sechs Mal geschlagen hat, ging es wieder ab nach Hause. Wir Kinder verabredeten uns immer auf einem Bauernhof, ohne Betreuung durch Erwachsene, dazu noch ein paar Kinder, die etwas älter waren, die Bandenführer, den ganzen Sommer lang. Die wussten alles, vor allem das, was die Eltern niemals erfahren sollten. Nachts schliefen wir Kinder auch dann und wann im Heu oder Stroh, wir wurden gestochen und gepikst. Als Kopfkissen bot sich auch manchmal eine Katze an. Wir spielten im Matsch, kamen in Kontakt mit Mist, streichelten die Tiere und bohrten danach mit dem Finger in der Nase, wir aßen zwischendurch mit ungewaschenen Händen oder probierten auch, wie das Futter für die Ferkel und die Milch für die Kälbchen so schmeckte. Aus der Sicht vieler Eltern in der heutigen Zeit wäre das wahrscheinlich eine Horrorvorstellung. Aber ein solcherart gestärktes Immunsystem bietet ein Leben lang eine robuste Abwehrkraft. Allergien und Nahrungsunverträglichkeiten traten seltener auf als heute.

Um keine Missverständnisse aufkommen zu lassen: Ganz ohne Zweifel schützt Hygiene uns vor zahllosen, mitunter gefährlichen Keimen und Erregern. Sauberkeit im Haushalt und die persönliche Hygiene sind unverzichtbar, aber ein Leben in einer sterilen Welt schadet dem Immun- und Abwehrsystem. Gerade in den ersten Jahren des Lebens muss der Körper lernen, mit Bakterien und Viren fertig zu werden. Zu viel Desinfektion, das Tragen von Schutzmasken, verringerte persönliche Kontakte und strengere Beachtung von Hygienevorschriften, wie während der Corona-Pandemie, verhindern die Ansteckung mit Viren und Bakterien. Eine sinnvolle und oft lebensrettende Maßnahme für schwerkranke Menschen mit einem schwachen Immunsystem – etwa für Patienten auf der Intensivstation oder für Menschen während einer Chemotherapie. Aber solche Schutzmaßnahmen sind für gesunde Menschen im Alltag nicht nötig und sogar schädlich, denn das Immunsystem muss ständig trainiert werden.

Ein Argument dafür also, einen sehr umsichtigen Umgang mit Desinfektionsmitteln im privaten Haushalt zu führen. Das Bundesamt für gesundheitliche Aufklärung, die Verbraucherzentralen und die Gesundheitsämter raten allesamt davon ab, Desinfektionsmittel in privaten Haushalten zu verwenden. Mit einer Ausnahme: Wenn zu Hause eben kranke Familienmitglieder mit einem geschwächten Immunsystem gepflegt werden oder Kranke Noroviren oder Salmonellen ausscheiden, ist es in den Bereichen, in denen sich die Gepflegten bewegen, angebracht, mit der Empfehlung von Ärztinnen oder des Gesundheitsamtes Desinfektionsmittel anzuwenden.

Unter normalen Umständen sprechen jedoch viele Gründe gegen den Einsatz von Desinfektionsmitteln: Ihre Wirkung ist nur von kurzer Dauer. Desinfektionsmittel können den Körper schwer belasten. Die feinen Tröpfchen mancher Sprays können in die Lunge geraten und diese schädigen. Nützliche Bakterien und Pilze werden abgetötet. Der Schutzmantel der Haut wird zerstört. Der Einsatz dieser Mittel kann Resistenzen und Allergien hervorrufen. Desinfektionsmittel gelangen in die Kläranlagen und schädigen die Reinigungsabläufe. Kurz: Desinfektionsmittel sind im Haushalt üblicherweise nicht erforderlich. Eine Reinigung mit konventionellen Reinigungsmitteln genügt.

KEIMPARADIESE

Manche Orte und Gegenstände bieten Keimen beste Bedingungen, um sich munter zu vermehren. Damit Sie diese trauten Tummelplätze beim Putzen nicht vergessen, hier eine Auswahl.

Ablaufventil der Spüle: Warten Sie nicht mit dem Reinigen, bis der Abfluss müffelt oder verstopft! Besser täglich checken, ob Speisereste festhängen, und heißes Wasser mit etwas Spülmittel durchrauschen lassen, damit sich der Fettschmutz löst.

Badespielzeug: Vermeiden Sie Gegenstände mit kleinen Öffnungen! Im Innern von etwa Quietscheenten bleiben Reste von Wasser und Seife hängen. Die Folge: ein feuchtwarmes Biotop, wo Sie im ganz großen Stil Mikroorganismen heranzüchten.

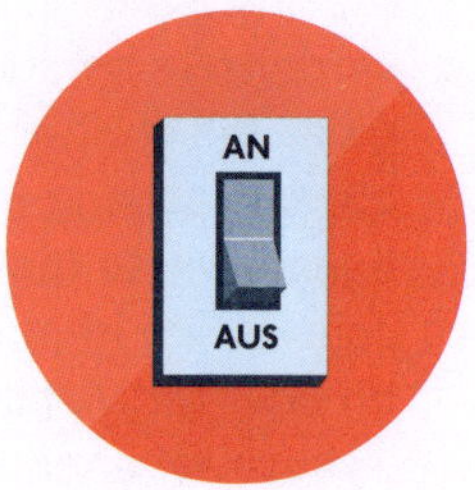

Lichtschalter und Türklinken: Die menschliche Hand zählt zu den fleißigsten Keimverbreitern. Deshalb diese Stellen, die jeden Tag zigfach angefasst werden, beim Wohnungsputz mit einem feuchten Tuch und etwas Allzweckreiniger beglücken.

Kühlschrank: Hier lauern Listerien und Salmonellen in vielen Lebensmitteln. Daher innen alle zwei bis drei Monate gründlich auswischen – am besten mit warmem Wasser, etwas Spüli und einem Spritzer Zitronensäure – und trocken nachreiben.

Zahnbürste: Nach jedem Gebrauch Griff und Bürste unter fließendem Wasser abspülen, aufrecht stehend trocknen lassen, spätestens nach drei Monaten wechseln. Zahnputzbecher einmal die Woche mit heißem Wasser und Spülmittel reinigen.

Futternäpfe: Gefäße für das Nassfutter Ihrer allerliebsten Vierbeiner täglich gründlich säubern, für Trockenfutter alle zwei Tage. Sind sie aus Edelstahl oder Keramik, lassen sie sich bei mindestens 65 Grad Celsius in der Spülmaschine reinigen.

Räumen Sie Ihren Putzschrank auf!

Platzt Ihr Putzschrank langsam, aber sicher aus allen Nähten? Nimmt die Flut der Flaschen überhand? Höchste Zeit, etwas dagegen zu tun.

Glaubt man der Werbung für Putz- und Reinigungsmittel, gibt es für jede Verschmutzung ein eigenes und ganz spezielles Mittel, nur für diesen einen Fleck gemacht. Dementsprechend sehen auch viele Putzschränke in den Haushalten aus. Dabei genügen in der Regel sechs verschiedene Produkte für alle anfallenden Reinigungsarbeiten – das ist sehr viel einfacher und sehr viel günstiger.

Die Frage ist: Welche besonderen Reinigungsaufgaben fallen im Privathaushalt überhaupt an? Üblicherweise geht es hier um das Entfernen von Fett und Speiseresten in der Küche, von Schmutzverkrustungen, also angetrockneten fett-, stärke- oder eiweißhaltigen Rückständen, und von Kalk- und Seifenablagerungen in Küche, Bad und WC. Dazu kommen Schimmel im Bad, Gerüche und Bakterien im Bad und WC sowie Ablagerungen in den Ausgüssen der Waschbecken in Küche und Bad. Das sind die sechs Arten der Verschmutzungen, für die es im Handel ein deutliches Überangebot von möglichen Spezialreinigern gibt. Das Missverhältnis wird klar. Sechs Probleme brauchen eigentlich nur sechs Problemlöser, nicht mehr.

Bedenken Sie beim kritischen Blick in Ihren Putzschrank auch: Die meisten Reinigungsmittel sind zusätzlich noch mit Duftstoffen angereichert, damit wir auch wirklich das Gefühl bekommen, dass alles tipptopp ist: Was gut riecht, muss einfach sauber sein. Nach einem kompletten Hausputz könnten wir dann auch geruchsblind werden. Und auch, wenn das Putzen einmal ausfallen muss, gibt es ja zum Glück immer noch ein Spray, mit dem der Geruch des ungeputzten Inventars wie von Geisterhand weggesprüht werden kann. Klingt ein wenig wie „den Dreck unter den Teppich kehren", sieht auch sauber aus, ist es aber nicht. Für die sechs Arten der Verschmutzungen reichen daher folgende Grundreinigungsmittel – sozusagen die sechs für alle Fälle:

1 ALLZWECKREINIGER: Zunächst ein Allzweckreiniger, geeignet für die Entfernung von Fett. Die Wirkstoffe im Allzweckreiniger sind – wie übrigens in allen Haushaltsreinigungsmitteln – Tenside. Tenside sind waschaktive Substanzen, die die Oberflächenspannung von Flüssigkeiten herabsetzen und dadurch eine Vermischung von Flüssigkeiten ermöglichen, die sich sonst nicht vermischen würden, in diesem Fall Wasser und Fett. Tenside bestehen aus einem wasserliebenden Molekülteil und einem wasserabweisenden Molekülteil, mit denen sie die Oberflächenspannungen von Fett und Wasser reduzieren können. Genau das bewirkt den Reinigungseffekt der Putzmittel. Mit einem Allzweckreiniger lassen sich alle abwaschbaren und versiegelten Oberflächen putzen.

2 REINIGER MIT ZITRONENSÄURE: Die Wirkstoffe sind Tenside und Säure. Reiniger mit Zitronensäure entfernen Kalkablagerungen sowie Fett- und Seifenreste in WC, Dusche, Badewanne und Waschbecken. Achten Sie darauf, den Reiniger nicht direkt auf die Armaturen zu sprühen. Die Dichtungen könnten beschädigt werden. Daher den Reiniger immer in ein Schwammtuch sprühen.

3 GESCHIRRSPÜLMITTEL: Für die Entfernung von Fett- und Speiseresten auf Besteck, Gläsern, Speisegeschirr und Kochgeschirr benötigen Sie ein Geschirrspülmittel. Auch hier sind die Wirkstoffe Tenside. Für die Reinigung von glatten Oberflächen sind Geschirrspülmittel jedoch nicht so gut geeignet, da sich Streifen bilden können.

4 ESSIGREINIGER: Für viele Zwecke sinnvoll ist ein Essigreiniger. Der Wirkstoff ist Essigsäure. Essig wirkt antibakteriell, wird aber hauptsächlich für die Entfernung von Kalkablagerungen eingesetzt. Verwenden Sie ihn zur Reinigung von Fenstern, Badewannen, WCs, Waschbecken, Duschen, Glasflächen, Kühlschränken und für die versiegelten Flächen der Vorratsschränke. Auch für die Entkalkung des Wasserkochers ist Essig geeignet. Aber Vorsicht! Einige Oberflächen dürfen nicht mit Essigsäure gereinigt werden, nämlich Natursteinböden und Armaturen in Bad und Küche. Die dünne Chromschicht auf den Armaturen sowie die Gummidichtungen können durch die Säure beschädigt werden.

GLASREINIGER BESSER ALS BEWÄHRTES HAUSMITTEL? Die Stiftung Warentest hat im Glasreinigertest im April 2021 zum Vergleich eine typische Eigenmischung aus destilliertem Wasser, Brennspiritus und einem Schuss Handgeschirrspülmittel mitgetestet. Das Ergebnis: 13 der 19 Fertigprodukte reinigten Scheiben und Spiegel besser als die Eigenmischung. Deren Zutaten sind nicht billiger als die günstigsten guten Glasreiniger. Zwar hat das Hausmittel sehr gute Gesundheits- und Umwelteigenschaften, aber die Fertigmischungen sind meist nur geringfügig schlechter.

5 WASCHSODA: Der Joker im Putzschrank: das Waschsoda (reines Soda). Es ist ein wahrer Alleskönner. Im Supermarkt steht Soda meist versteckt neben den Wäschereinigern. Der Wirkstoff in Waschsoda ist Natriumcarbonat. Neben dem Waschsoda, einfachem kohlensauren Natron, gibt es noch das doppelt kohlensaure Natron, das wir als Backpulver oder Backsoda kennen. Der Wirkstoff ist hierbei das Natriumhydrogencarbonat. Waschsoda beseitigt Bakterien, Fett, Eiweißreste, Schimmel und Gerüche. Die Kids in der Familie werden wahre Fans von Waschsoda werden, da es ein perfektes Reinigungsmittel für die angesagten Sneakers ist. Neben Turnschuhen können Sie mit Waschsoda Wäsche, Geschirr, Oberflächen aus Stein, Abflüsse, starkverkrustete Pfannen und Töpfe reinigen.

6 SCHEUERMILCH: Einen kurzen Moment nicht aufgepasst, schon ist die Milch übergekocht, auf dem Kochfeld eingebrannt und der Topfboden sieht auch ein wenig deprimiert aus? Für solche Härtefälle gibt es Scheuermilch. Versuchen Sie es aber zuerst einmal mit Einweichen, mit Wasser und gegebenenfalls etwas Spülmittel. Bei eingebranntem Schmutz auf dem Kochfeld hilft ein Kochfeldschaber. Für alle starken Schmutzverkrustungen ist die Scheuermilch das richtige und einzige Reinigungsmittel. Die Wirkstoffe sind Tenside und Marmor- oder Quarzmehl. Die Tenside für das Fett, die Steinmehle für die Verkrustungen. Aber Vorsicht: Die Steinmehle wirken wie Schmirgelpapier und können tiefe Kratzer hinterlassen. Daher ist Scheuermilch nur für kratz- und wasserfeste Oberflächen geeignet, etwa Glaskeramikkochfelder.

Die aufgeführten Reinigungsmittel sind entweder sauer oder sie haben eine fettentziehende Wirkung. Beide Eigenschaften sind nicht gut für die Haut. Daher sollten bei der Verwendung aller Reinigungsmittel Haushaltshandschuhe getragen werden. Da beim längeren Tragen der Handschuhe eine Schweißbildung unvermeidbar ist, sind Handschuhe mit einer inneren Baumwollbeschichtung zu empfehlen. Das macht das Tragen der Handschuhe angenehmer. Alternativ können Sie die Gummihandschuhe eine Nummer größer kaufen und Baumwollhandschuhe darunter anziehen. Dadurch sind die Hände zusätzlich bei der Verwendung von heißem Putzwasser oder Spülwasser bei einer Handspülung geschützt. Nach dem Putzen ist eine Handpflege mit rückfettenden Pflegecremes ratsam.

Der Stoff, aus dem Putzhelfer sind

Mit dem richtigen Tuch geht die Putzarbeit gleich viel besser von der Hand. Welche Materialien es gibt und wie man sie einsetzt, erfahren Sie hier.

Damit es in Ihrem Haushalt möglichst hygienisch zugeht, sollten Sie darauf achten, ein und dasselbe Tuch nicht in der ganzen Wohnung zu verwenden. Trennen Sie Ihre Putztücher und -lappen grob in Einsatzbereiche. Reinigungsprofis benutzen das Vier-Farben-System: rot für das WC und direkt umliegende Fliesen, gelb für den Sanitärbereich außer dem WC (also Waschbecken, Dusche, Badewanne, Fliesen, Ablagen), grün für die Küche und blau für die übrigen Bereiche, zum Beispiel die Wohnräume inklusive Möbel, Türen usw. Dieser Color-Code bestimmt dann die Farbe des jeweiligen Putzhelfers: Fürs WC werden also nur rote Lappen verwendet, für die Küche nur grüne und so weiter. So hat alles seine feste Ordnung, die sicherstellt, dass keine Keime kreuz und quer durch die Wohnung verschleppt werden.

Die wichtigsten Tücher und Lappen

Staubbeseitiger: Tücher aus Baumwolle schieben den Staub eher zusammen als ihn aufzunehmen. Oft fällt das wenige, was sie aufnehmen, größtenteils gleich wieder heraus. Verwenden Sie lieber gute Produkte aus Spezialfasern. Sie nehmen Staub besser auf und halten ihn besser fest als althergebrachte Staubtücher oder -wedel.

Schmutzbändiger: Mikrofasertücher sind praktisch, da sie sich elektrostatisch aufladen und den Schmutz geradezu anziehen. Wenn es ums gründliche Reinigen und Entfernen von Staub geht, sind sie nicht zu schlagen. Am besten leicht angefeuchtet verwenden, um fett- und wasserlöslichen Schmutz optimal zu binden. Aber Vorsicht: Manche Tücher rauen mit ihren Fasern das ein oder andere Material langsam, aber stetig auf, sodass beschädigte Stellen voller feinster Kratzer und Schleifspuren entstehen, an denen sich bevorzugt Schmutz sammelt. Ideal sind Mikrofasertücher zum Reinigen von Keramikflächen, Fenstern und unempfindlichen Böden. Nicht geeignet sind sie unter anderem für Oberflächen wie geöltes oder gewachstes Holz, Spiegel, Silber, Kupfer, Klarlack und empfindlichen Kunststoff. Wer glatte Flächen reinigen will, sollte beim Kauf des Tuchs unbedingt auf den Zusatz „fein" achten.

Geschirrwäscher: Hier ist die Auswahl an fusselfreien, saugstarken Putzhelfern groß – Waffel-Spültücher, Schwammtücher, Tücher aus Baumwolle und Viskose, spezielle Mikrofasertücher. Zur Seite stehen ihnen bei Bedarf Spülbürsten und -schwämme, wobei Bürsten vorzuziehen sind, weil diese sich leichter reinigen lassen.

KEIMSCHLEUDERN REGELMÄSSIG WASCHEN: Da Ihre Spül- und Putzlappen sowie Geschirrtücher Bakterien ein feuchtes Zuhause zur optimalen Vermehrung bieten, gehören sie spätestens nach ein paar Tagen in die Waschmaschine – mit einem Vollwaschmittelpulver bei 60 Grad. Schwämme lassen sich ebenfalls mitwaschen. Spülbürsten aus Kunststoff waschen Sie bei 60 Grad in der Geschirrspülmaschine mit.

Bodenputzer: Grobe Baumwolllappen werden zum Reinigen von Fußböden eingesetzt. Ihr Vorteil: Sie können viel Schmutz aufnehmen und sind sehr saugfähig – besonders, wenn Sie eine Waffelstruktur besitzen, die die Aufnahmefähigkeit des Gewebes für Wasser verstärkt. Ihre Nachteile: Das Material fusselt leicht, es dauert lange, bis die Tücher wieder trocken sind und sie sind nicht allzu praktisch in der Handhabung. Wer es sich einfach machen will, benutzt ein Breitwischgerät mit Wischmopp. Damit die Nässe nicht zu lange auf den Boden einwirken kann, empfiehlt es sich meist, nebelfeucht, also mit nur leicht angefeuchtetem Tuch, zu wischen. Drei bis fünf Minuten später sollte alles wieder ganz trocken sein.

Rundumreinemacher: Allzwecktücher sind sehr saugfähig und fusseln nicht. Meist handelt es sich um einen Mix mit Mikrofasern. Auch Tücher aus Viskose-Vlies sind sehr beliebt – die halbsynthetische Faser ist sehr pflegeleicht, kratzt nicht und fühlt sich angenehm in den Händen an. Die Allrounder sind vielseitig verwendbar: Sie können sowohl trocken als auch feucht eingesetzt werden und meistern groben wie feinen Schmutz.

Wie Sie Staub am besten entfernen

Stofffasern, Hautschuppen, Pilzsporen, Bakterien und vieles mehr – meist wollen wir's gar nicht so genau wissen und nennen es einfach Staub.

Wer kein Geld zum Kauf teurer Spezialtücher ausgeben will, findet bei aussortierten Kleidungsstücken eine günstige Alternative: Eine alte Feinstrumpfhose tut es beim Staubwischen genauso gut, wenn nicht sogar besser. Das Nylon lädt sich ein wenig elektrostatisch auf, sodass der Staub bestens daran hängen bleibt.

STAUB ENTFERNEN MIT PLAN: Zuerst Regale, Tische usw. wischen, dann saugen: Alles, was beim Wischen zu Boden fällt, können Sie dann wegsaugen. Beim Wischen und Saugen von oben nach unten voranschreiten: erst Spinnennetze, Vorhänge, Lampenschirme, Fliegengitter, Regale, Fensterbänke und so weiter, dann den Boden saugen und am Schluss nebelfeucht nachwischen. Während des Reinigens immer ordentlich lüften – das schont die Atemwege und gibt dem aufgewirbelten Staub die Möglichkeit, nach draußen zu entweichen.

Fernseher und andere Elektrogeräte ziehen Staub wie von Zauberhand an. Da haben Sie gerade erst gewischt und schon ist der Apparat wieder unter einer pelzigen Schicht verschwunden. Um dies möglichst lange herauszuzögern, sollten Sie ein Trocknertuch als Staubtuch verwenden, da es elektrostatische Aufladungen vermindert und somit die Oberflächen länger staubfrei hält.

Auch die Computertastatur will regelmäßig gereinigt werden: Stellen Sie das Keyboard auf den Kopf, um es durch Ausschütteln erst einmal vom gröbsten Schmutz zu befreien. Auch mit dem Kaltgebläse des Föhns lassen sich die größten Krümel und Flusen verjagen. Für die Feinarbeit in den Ritzen von Computer, Festnetztelefon oder Fernbedienung benutzen Sie dann am besten die Kanten von Haftnotizzetteln, Zahnstocher oder Klebeknete. Wer die Kosten nicht scheut, kann sich hierfür auch antibakterielle Reinigungsmasse zulegen, die zum Beispiel auch beim schonenden Säubern von Vinyl-Schallplatten zum Einsatz kommt. Der Vorteil dieser Masse ist es, dass sie sich ganz optimal noch in die winzigsten Spalten und Schlitze schmiegt und so am gründlichen den Schmutz zu Tage fördert.

Die Touchscreens von Smartphones und Tablets sind empfindlich und erfordern Aufmerksamkeit. Schalten Sie das Gerät zum Reinigen aus. Verwenden Sie nie Wasser, da Feuchtigkeit ins Innere eindringen und die Elektronik beschädigen kann. Glasreiniger, Seifenlauge, Spülmittel, Reinigungsmittel mit Alkohol sind ebenso tabu: Sie können die fettabweisende Oberfläche des Displays ruinieren. Verwenden Sie stattdessen Spezialtücher zum Säubern von Computermonitoren, die keine Reinigungsmittel enthalten, oder Spezialreiniger für Displays. Richten Sie das Spray beim Reinigen nie direkt aufs Gerät, sondern sprühen Sie die Flüssigkeit erst auf ein Tuch, um es dann zum Polieren zu verwenden. Für die Zwischenräume lässt sich auch hier antibakterielle Reinigungsmasse verwenden.

FENSTER STREIFENFREI PUTZEN

WIE, WANN, WOMIT?	AHA!!!
FENSTER STREIFENFREI PUTZEN – WIE KLAPPT DAS?	Fensterbänke und Rahmen mit einem Handfeger von grobem Dreck befreien. Dann die Rahmen mit warmem Wasser plus Allzweckreiniger oder Spülmittel abwischen und trockenreiben. Fenster mit einem Lappen plus Glasreiniger oder Wasser mit Spülmittel abwaschen und bei starker Verschmutzung noch mal mit klarem Wasser nachwischen. Die Feuchtigkeit mit einem Abzieher mit Gummilippe entfernen. Etwaige Restfeuchte oder Streifen mit einem trockenen Mikrofasertuch wegpolieren. Tragen Sie rutschfeste, den Fuß umschließende Schuhe. Wenn Sie eine Leiter verwenden, nicht über den Rand beugen, sondern absteigen und Stück für Stück weiterrücken.
WAS IST DAS OPTIMALE WETTER ZUM FENSTERPUTZEN?	Leichter Sonnenschein ist perfektes Putzwetter: Streifen und Schlieren sind gut sichtbar, das Glas heizt sich nicht so auf, die Reinigungslösung trocknet nicht zu rasch an – was bei praller Sonne schnell passiert. Bei grauem Himmel sind Streifen kaum zu sehen.
FENSTER PUTZEN OHNE GLASREINIGER – FUNKTIONIERT DAS?	Spezielle Glasreiniger machen streifenfreies Putzen oft einfacher: Sie sind salzarm und enthalten Alkohole – das verhindert Schlieren- und Streifenbildung. Es geht aber auch ohne, etwa mit ein bisschen Spülmittel. Aber Vorsicht, dass es nicht zu sehr schäumt – sonst gibt es Schmiereffekte. Aus Rücksicht auf Umwelt oder Gesundheit muss niemand auf einen Glasreiniger verzichten: In unserem Test hat sich gezeigt, dass die Spezialreiniger Umwelt und Gesundheit kaum mehr belasten als Putzen mit Wasser, Spülmittel und Spiritus.
FENSTERRAHMEN AUS KUNSTSTOFF RICHTIG REINIGEN?	Groben Dreck abfegen, Rahmen mit Allzweckreiniger oder Spülmittel putzen und mit einem fusselfreien Tuch trockenreiben. Hartnäckige Flecken mit einem Putzschwamm entfernen, der für die Reinigung von Glas geeignet ist – sonst könnte etwas zerkratzen.
WAS TAUGEN ELEKTRISCHE FENSTERSAUGER?	Die Geräte helfen beim Abziehen des Schmutzwassers – sie saugen es sofort ein. In unserem Test schafften einige Modelle eine streifenfreie Reinigung. Und für Spaß sorgen sie auf jeden Fall.

Staubsaugen leicht gemacht

Wenn Sie den Staubsauger links liegen lassen und zum Besen greifen wollen, um die Umwelt zu schonen, sparen Sie sich die Mühe! Hierbei wirbeln Sie viel zu viel Schmutz auf, der dann als Staubwolke durchs Zimmer fliegt und sich anderweitig auf Möbeln und Böden wieder niederlässt. Kleine Malheure wie Krümel vom Essen lassen sich natürlich am besten mit Kehrschaufel und Handfeger beseitigen. Aber wenn Sie große Flächen mit dem Besen angehen, machen Sie sich nur doppelte Arbeit. Da ist der Staubsauger in Sachen Geschwindigkeit und Gründlichkeit nicht zu schlagen.

Ziehen Sie das Kabel des Staubsaugers vollständig heraus, weil sich ansonsten das Gerät überhitzen kann. Beim Saugen von Hartböden wie Laminat, Fliesen und Parkett stellen Sie vorne an der Staubsaugerdüse den Hebel ein, der den Borstenkranz herausfahren lässt – auf diese Weise können sich Haare und Staubflusen in der Bürste verfangen und Sie bewahren Ihren Boden vor Kratzern. Wenn Sie hingegen Teppiche reinigen, werden die Borsten hereingefahren. Ausnahme: Langflorteppiche, da hierbei die Fasern beschädigt werden können. Reservieren Sie die volle Saugkraft Ihres Geräts vor allem für Ihre Teppiche. Bei glatten Oberflächen ist soviel Reinigungspower nicht nötig – da verschwenden Sie bloß Energie. Achten Sie auch darauf, regelmäßig den Beutel zu wechseln oder die Staubbox zu entleeren. Wenn sie zu voll sind, verringert das die Saugkraft. Wenn es zum Saugen in Ritzen und Nischen gehen soll, ist eine Fugendüse optimal. Für manche Staubsauger gibt es auch spezielle Aufsätze, um den Staub aus den Windungen eines Heizkörpers zu entfernen.

KABELLOS GLÜCKLICH: Im Februar 2024 und September 2023 haben die Expertinnen und Experten der Stiftung Warentest 16 Akkusauger in ein Schmutz vertilgendes Rennen geschickt. Der teure Spitzenreiter schlägt mit 1 320 Euro zu Buche. Doch die gleiche Reinigungsleistung erhalten Sie auch bereits für 730 Euro – weder Staub noch Linsen sind ein Problem für das günstige Gerät. Wenn Sie allerdings Abstriche beim Saugen von Grobkörnigem machen können, dürfen Sie sich schon ab 620 Euro über ein Modell freuen, das ebenfalls gründlich reinigt und 15 Minuten Akkulaufzeit bei voller Leistung bietet.

Beim Kauf Ihres Staubsaugers gilt es eine ganz grundsätzliche Entscheidung zu treffen: Kabel oder Akku? Oder gar ein Saugroboter? Zu den Vorteilen von Kabelstaubsaugern gehört ihre Ausdauer. Außer um gegebenenfalls die Steckdose zu wechseln, kann man mit ihnen ohne Unterbrechung auch das ganze Haus reinigen, während ein Akkugerät meist nach etwa einer Viertelstunde schlappmacht – außer Sie haben einen Zweitakku parat.

BODENSTAUBSAUGER SIND GÜNSTIGER ALS AKKUSAUGER . Im Frühjahr und Herbst 2023 hat die Stiftung Warentest 13 Bodenstaubsauger mit Kabel im Test untersucht – acht mit Beutel, fünf mit Staubbox. Einen guten Staubsauger, der auf Hartboden kraftvoll saugt, erhalten Sie bereits ab 199 Euro. Wenn Sie gern stromsparend und besonders geräuscharm reinigen möchten, können Sie bei einem guten Modell für 249 Euro zuschlagen. Insgesamt sind die Bodenstaubsauger preiswerter und auch meist leiser als ihre kabellosen Kameraden, da bei diesen oftmals eine gute Schallisolierung fehlt.

Wenn Sie Ihr Portemonnaie schonen wollen, sind Sie mit einem guten Kabelstaubsauger besser bedient, da die besten Akkugeräte mindestens 400 Euro mehr kosten. Ein Akkusauger lässt sich hingegen platzsparend verstauen und ist in der Handhabung einfach komfortabler und wendiger. Er ist auf die Schnelle einsatzbereit und lässt sich auch unkompliziert zum kleinen Handsauger umbauen, der ruckzuck ein paar Krümel von der Couch entfernt. Und ganz besonders, wenn es ums Reinigen von Treppen geht, trumpft der Akkusauger ganz groß auf: Sie müssen kein schweres Gerät mühselig hinter sich herziehen oder gar zum Besen greifen, sondern können ganz frei und flexibel das steile Gelände meistern.

Und wie steht es um den alten Menschheitstraum, dass sich die Arbeit von selbst macht? Saugroboter geben Ihr Bestes, aber das ist leider nicht immer gut genug: Die besten Saugroboter sind in Sachen Gründlichkeit keine Konkurrenz für einen guten Bodenstaubsauger, da sie lediglich auf den ersten Blick sichtbaren Schmutz entfernen können – was schon mal eine große Hilfe sein kann, aber ob es den Preis von knapp 1 000 Euro wert ist, muss jeder für sich entscheiden. Außerdem eignen sich Saugroboter vor allem für Hartböden mit minimalistischer Einrichtung, da das Navigieren um allzu viele Hindernisse herum oft noch deutlich Probleme bereitet.

SCHWACHSTELLE TEPPICH: Im Januar 2024 haben die Expertinnen und Experten der Stiftung Warentest neun Saug- und Wischroboter unter die Lupe genommen. Hartböden saugen die meisten gut, aber dass eine der selbstständigen Putzmaschinen auch Teppiche gründlich hinbekommt, ist eine Seltenheit: Das schafft nur der Testsieger – ein reiner Sauger für 950 Euro. Viele Roboter wischen nur mäßig, da sie ihre Reinigungstücher allzu zaghaft über den Boden ziehen: Fehlt der Druck, bleibt der Dreck. Den einzigen Saug-Wischer, der gut wischt, gibt's für 650 Euro.

Fußböden richtig reinigen und pflegen

Am Nest kann man sehen, was für ein Vogel darin wohnt. Egal ob Linoleum oder Laminat – so zeigen Sie sich und Ihre Fußböden von der besten Seite.

Auf Fliesen können Sie trockenen Schmutz einfach aufsaugen oder fegen. Wenn es sich um Keramik handelt, feucht wischen oder auch fest schrubben – bei geringer Verschmutzung mit einem Universalreiniger, diese sind in der Regel alkalisch und werden deshalb gegen Fettschmutz und Staub eingesetzt. Säurehaltige Reiniger sind für Kalkablagerungen, wie sie im Badezimmer vorkommen, gedacht. Für Laminat und Parkett gibt es Spezialpflegemittel. Im Frühjahr 2023 haben die Expertinnen und Experten der Stiftung Warentest 16 Bodenreiniger untersucht: fünf Parkettreiniger, sieben Laminatreiniger, drei Schmierseifen und einen Universalreiniger. Der beste Parkettreiniger säubert, trocknet und imprägniert sehr gut – und das für

11 Cent je fünf Liter Wischwasser. Der Testsieger unter den Laminatreinigern kostet 9 Cent pro Anwendung. Er ist zugleich das einzige Mittel, das keine weißlichen Streifen hinterlässt. Bei allen anderen Laminatreinigern ist es nötig, noch einmal nachzupolieren.
Falls die Fliesen aus Natursteinen bestehen, sollten Sie auf keinen Fall säurehaltige Reiniger verwenden.

Linoleumböden sollten Sie zunächst saugen oder fegen, dann mit klarem Wasser oder Neutralreiniger nebelfeucht wischen. Das Material ist zwar generell strapazierfähig, mag aber weder säurehaltige noch alkalische Reiniger, da sie die Oberfläche angreifen. Verwenden Sie keine Scheuermittel oder grobe Schwämme: Sie hinterlassen bleibende Kratzspuren. Linoleum können Sie mit flüssigem Bohnerwachs oder Glanzreiniger pflegen, doch beides wird nach einer Weile durch sich ansammelnde Wachsschichten zu Schlieren führen.

Holzfußböden sind sehr kratzempfindlich – vor dem Wischen sollte man also immer erst den groben Schmutz durch Saugen oder Fegen entfernen. Filzgleiter unter den Möbelfüßen sollten zur Standardausrüstung gehören. Versiegelte Flächen nebelfeucht entlang der Maserung wischen. Zum Entfernen von Flecken auf versiegeltem Boden können Sie Spiritus oder Terpentin benutzen. Ist der Holzfußboden hingegen unversiegelt, muss regelmäßig gewachst oder geölt werden. Gehen Sie beim Polieren sparsam mit Wachs und Öl um, da sonst ein klebriger Film entsteht, der Schmutz bindet.

Wenn dunkle Gummisohlen über Parkettböden herfallen und Abriebstreifen zurücklassen, ist ihnen auch mit einfachem Wischen nicht beizukommen. Wer einen Schmutzradierer besitzt, kann diesen natürlich benutzen. Aber zum Glück gibt es auch noch eine Reihe von Hausmitteln, mit denen man die Striemen ebenso gut wegrubbeln kann: ein normaler Radiergummi, ein Tennisball oder Fensterleder. Wichtig: Vor dem Reiben die Stelle erst gründlich säubern, damit nicht aus Versehen kleine Schmutzteile ins Holz gedrückt werden und Kratzer verursachen.

Laminat ist aufgrund seiner Melaminharzschicht sehr unempfindlich gegen Kratzer. Losen Schmutz auf Laminatböden entfernen Sie mit Staubsauger oder Besen. Da die Kanten zwischen den Paneelen empfindlich gegen Wasser sind, sollten Sie solche Böden nur nebelfeucht wischen. Allzweck- und Neutralreiniger genügen vollkommen, teure Laminat-Spezialreiniger sind nicht nötig. Vorsicht: Laminatböden sollten Sie nie mit Bohnerwachs pflegen, da das Pflegemittel nicht in die Oberfläche einziehen kann.

PUFFER GEGEN KRATZER: Tag für Tag scharren die Beine der Stühle und Tische über den Boden und hinterlassen unschöne Spuren – besonders unerfreulich, wenn es sich um empfindliche Böden wie Parkett handelt. Wer das vermeiden will, besorgt sich praktische Abstandhalter zwischen Bein und Boden: Filzgleiter, die es in jedem Baumarkt gibt. Einige lassen sich ganz unkompliziert aufkleben, verrutschen aber auch leichter. Andere werden festgenagelt oder -geschraubt und sind daher robuster. Alle zusammen verhindern sie Schrammen – und sind eine echte Wohltat für die Ohren, da der Geräuschpegel im Haus angenehm reduziert wird.

Haben Sie in Ihrer Wohnung oder in Ihrem Haus Teppichböden, sollten Sie zusätzlich zum regelmäßigen Staubsaugen einmal im Jahr eine Grundreinigung durchführen. Achten Sie bei den Pflegehinweisen des Teppichs beziehungsweise der Auslegware darauf, ob sie mit Wasser in Berührung kommen darf. Falls nicht, gibt es Trockenreinigungsmittel für diesen Zweck.

Flecken vom Teppich entfernen

Schokolade: Reiben Sie den Fleck mit lauwarmem Seifenwasser aus. Dann kurz mit Wasser alle Seifenreste beseitigen. Zu guter Letzt mit etwas Zitronensaft beträufeln und wieder mit Wasser ausreiben. Vorsicht: Wollteppiche sollte man nicht reiben, sie können verfilzen.

Kaugummi: Wenn sich ein Kaugummi festgetreten hat, greifen Sie zu Eiswürfeln oder einem Kühlakku, um die klebrige Masse zu härten. Anschließend mit einem Messer wegschaben.

Erbrochenes: Wenn Ihrem Kind ein Unfall passiert ist, zunächst einmal das Gröbste mit einem Messer entfernen. Dann den Fleck mit Küchentüchern auslegen, um soviel Feuchtigkeit wie möglich aufzusaugen. Nach dem Entfernen der Tücher Natron oder Katzenstreu darüber ausbreiten und mindestens eine Stunde einwirken lassen. Pulver beziehungsweise Streu im Anschluss mit dem Staubsauger beseitigen und mit einem Tuch nachwischen.

PUTZEN WIE DIE PROFIS

Wer beim Putzen möglichst planvoll und clever vorgeht, erspart sich Arbeit und schafft die Grundlage für ganz große Glanzleistungen.

GRUNDREGELN

Damit Sie sich keine doppelte Arbeit machen, gelten für Ihre Reinigungsabläufe folgende drei Prinzipien:

1. von oben nach unten
2. immer Richtung Ausgang
3. von sauber nach unsauber

FALTTECHNIK

Die Sauberkeit des Putztuchs ist eine schwindende Ressource, die man sich klug einteilen sollte – besonders, wenn Sie keinen Eimer zur Hand haben, um es nach Belieben immer wieder auszuwringen. Wer das Tuch zwei Mal faltet, erhält acht gleichgroße Seiten, die sich nacheinander nutzen lassen. Ist die erste Seite schmutzig, das Tuch wenden und mit der nächsten wischen. Danach aufklappen, die beiden verschmutzten Seiten aufeinander legen und mit den unbenutzten fortfahren.

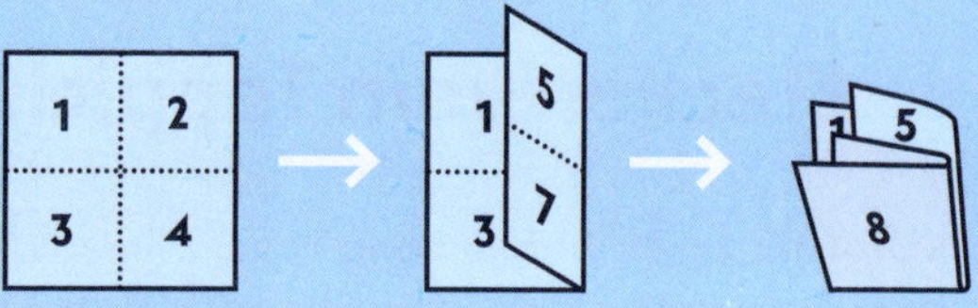

FARBSYSTEM

Schmutz ist nicht gleich Schmutz. Was beim Reinigen der Toilette an Ihrem Putzlappen hängen bleibt, ist nicht vergleichbar mit dem, was beim Säubern des Küchenherds anfällt. Damit keine Keime in der Wohnung verbreitet werden, ist es sinnvoll, bestimmte Putztücher nur in bestimmten Bereichen der Wohnung zu verwenden. Um dies sicherzustellen, verwenden Sie am besten das folgende Farbsystem, das Ihnen die Orientierung erleichtert.

für Einrichtungsgegenstände wie Schreibtische, Stühle, Heizkörper, Regale und Türen

für den Sanitärbereich wie Fliesen, Waschbecken, Ablagen, Spiegel, Armaturen, Badewanne

für das WC, Urinal und die Fliesen im umgebenden Bereich

für die Küche

KLEINE RÄUME PUTZEN

Um beim Feuchtwischen des Bodens immer den Überblick zu behalten, wo schon gereinigt wurde, bietet sich folgende Roadmap durch den Raum an: Arbeiten Sie sich von der Tür aus außen entlang der Wände voran. Sobald Sie nach einer Runde wieder in der Nähe des Ausgangs ankommen, biegen Sie ins Innere des Raums ab und reinigen die Mitte im dargestellten Bewegungsmuster von Schlangenlinien. Spontane Richtungswechsel sind tabu: Den Wischmopp nur in eine Richtung führen, damit der Schmutz mitgenommen wird, bis Sie am Ende Ihrer Reinigungsreise wieder zur Tür zurückkehren.

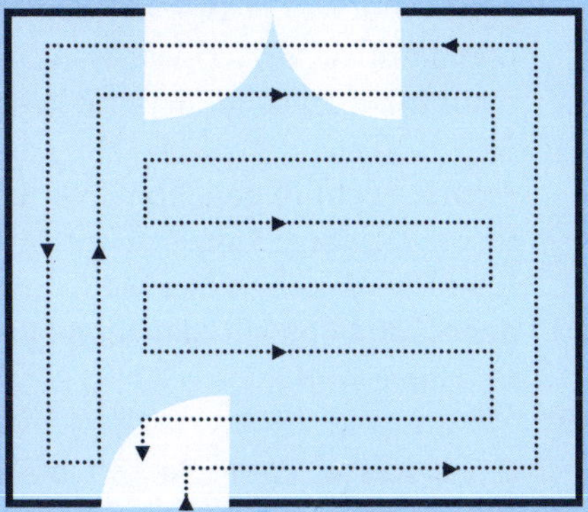

GROSSE RÄUME PUTZEN

Der Reinigungsablauf für große Räume ähnelt dem obigen für kleine. Start und Ziel ist erneut die Tür. Zunächst putzen Sie wieder entlang der Wand, allerdings biegen Sie dann nach der Hälfte des Randbereichs in die Mitte ab, um die freie Fläche mit Pendelbewegungen zu reinigen. Der große Raum wird somit quasi in zwei kleine unterteilt. Auch hier vermeiden Sie gekonnt, über frisch geputzte Flächen laufen zu müssen. Und damit nicht genug: Durch diese Bewegungschoreografie ist garantiert, dass Sie Putzen zur wahrhaftigen Kunstperformance machen.

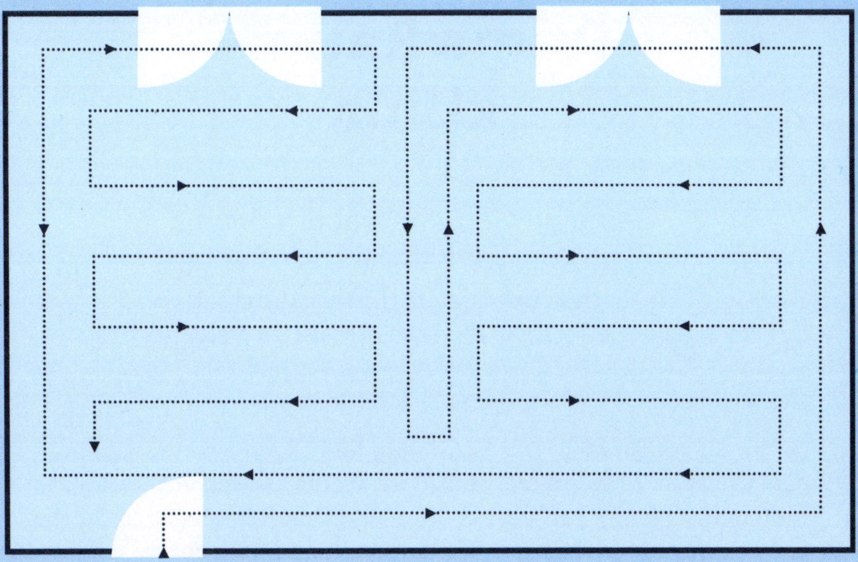

Rotwein: Träufeln Sie hochprozentigen, farblosen Alkohol, zum Beispiel Wodka oder Gin, auf den Fleck und tupfen Sie mit einem Lappen darüber, um möglichst viel aufzusaugen. Sobald die rote Farbe nicht mehr zu sehen ist, mit Wasser und Spülmittel ans Werk gehen.

Asche: Nicht reiben, sonst verteilen Sie die Asche und reiben sie tiefer ins Gewebe. Nutzen Sie den Staubsauger. Oder legen Sie ein Blatt Papier neben das Malheur und klopfen an der anderen Seite des Häufchens auf den Teppich, sodass die Asche auf das Papier katapultiert wird.

Druckstelle: Wenn Sie Ihre Möbel umstellen, kann es passieren, dass plötzlich für alle Augen sichtbar eine unschöne Druckstelle von einem Tisch oder Sessel im Teppich zurückbleibt. Um diese wieder verschwinden zu lassen, legen Sie ein feuchtes Handtuch auf die Stelle und gehen mit einem Dampfbügeleisen darüber. Dadurch richten sich die Fasern des Teppichs wieder auf.

Die Luft ist rein: Prima Raumklima

Gemeine Gerüche wabern durchs Haus. Doch wo kommt der Mief her? So finden Sie die üblichen Verdächtigen und beleben sie mit neuer Frische.

Lüften Sie regelmäßig. Das ist wichtig fürs allgemeine Wohlbefinden. Wenn es zu warm und stickig ist, werden Sie schnell unkonzentriert und schläfrig. Am besten Stoß- und Querlüften: Reißen Sie die Fenster weit auf und sorgen Sie für ordentlichen Durchzug, während die Heizung ausgeschaltet ist.

Stoßlüften ist besser, als den ganzen Tag das Fenster aufgekippt zu haben. Denn dabei geht zu viel Energie verloren – schlecht fürs Klima und schlecht für Ihren Geldbeutel. Ein weiterer Vorteil des häufigeren Stoßlüftens: Sie beugen Schimmelbildung vor, da die feuchte Luft in der Wohnung durch die trockene von draußen ausgetauscht wird. Wie oft ist oft genug? Sie sollten mindestens vier Mal pro Tag fünf bis zehn Minuten lüften: morgens und abends je einmal und dann noch zwei Mal nach Belieben zwischendurch. Wenn Sie an einer vielbefahrenen Straße wohnen, ist es besser, nicht während der Hauptverkehrszeiten zu lüften.

Luchtfeuchtigkeit ist ein Thema für jeden Raum. Der optimale Wert für Ihre Wohnung liegt zwischen 40 und 60 Prozent. Für die Messung ist ein Hygrometer nötig, das Sie für etwa 10 Euro im Baumarkt erhalten. Eine der größten Feuchtigkeitsquellen ist der Mensch selbst: Über die Haut werden im Laufe des Tages bei jedem und jeder ein bis drei Liter Wasser abgegeben. Weitere Ursachen für hohe Luftfeuchtigkeit im Haushalt sind: Kochen, Duschen, Wäschetrocknen, Grünpflanzen, Zimmerspringbrunnen sowie Baufeuchte bei neu gebauten oder frisch sanierten Häusern.

Unangenehme Gerüche tilgen

Teppich und Couch: Natron reinigt, desinfiziert und neutralisiert Gerüche. Streuen Sie es direkt auf die besagte Fläche. Dann über Nacht einwirken lassen und am nächsten Morgen mit dem Staubsauger wieder inklusive Muff beseitigen.

Schnittblumen: Gerade erst haben Sie einen Strauß geschenkt bekommen und schon fangen die Blumen an zu welken und unangenehm zu riechen? Damit sie länger in voller Pracht blühen, geben Sie Blumenfrisch-Pulver ins Wasser. Ein Tütchen legt meist der Blumenhändler mit dazu. Aber das Mittel, das das Wachstum von Bakterien verlangsamt, indem es den pH-Wert des Leitungswassers senkt und die Nährstoffaufnahme erhöht, gibt es auch im Internet nachzukaufen.

Ein antiker Schrank: Streuen Sie Badesalz oder Kaffeepulver in eine Schüssel Wasser und stellen Sie sie über Nacht in den Schrank.

Frischhaltedose: Der Plastikbehälter will den Geruch der letzten Mahlzeit einfach nicht loswerden? Einfach Zitronensaft hineingießen, schön durchschwenken und für eine Weile in die Sonne stellen.

Essensgerüche: Der Rostbraten war ein Gedicht, aber der Geruch will aus Küche und Esszimmer einfach nicht verschwinden? Um ihn wieder zu vertreiben, einfach Orangenschalen in einen Topf mit Wasser geben und auf dem Herd verdampfen lassen. Oder Sie tröpfeln etwas Vanillearoma in eine Schüssel mit Wasser und erhitzen sie bei 50 Grad im Backofen. Wenn Sie eine Dunstabzugshaube besitzen: Benutzen Sie sie, auch wenn sie viel Krach macht. Am besten einige Minuten vor dem Kochen schon einschalten und auch danach noch ein wenig länger laufen lassen. Die Abzugshaube verhindert, dass Fett und Gerüche sich in Ihren Möbeln und Wänden ablagern und somit langfristig das Raumklima negativ beeinflussen. Am besten wirken Ablufthauben, die die angesaugte Luft nach draußen befördern. Wichtig: Die Fettfilter der Hauben müssen regelmäßig gereinigt, die Geruchsfilter müssen regelmäßig getauscht oder erneuert werden.

Kühlschrank: Wenn sich befremdliche Gerüche im Kühlschrank festgesetzt haben, gibt es mehrere Möglichkeiten, diese zu binden und zu neutralisieren: rohe Kartoffelscheiben auf einem Teller, eine Apfelhälfte, Katzenstreu oder Natron in einem Kaffeefilter eingewickelt sowie ein offener Behälter mit Pellets aus Aktivkohle.

GUT GEFILTERT GEGEN DICKE LUFT: Im Frühjahr 2024 haben die Expertinnen und Experten der Stiftung Warentest neun Luftreiniger im Test untersucht. Den günstigsten der beiden Testsieger erhalten Sie schon für 80 Euro. Er hilft Ihnen befreit durchzuatmen, indem er Pollen, Viren, Feinstaub und gasförmige Luftschadstoffe wie Formaldehyd gut aus der Luft filtert – und das auch, wenn der Filter schon etwas älter ist. Wenn Sie mit möglichst geringem Stromverbrauch etwas für die Umwelt tun möchten, ist der zweite Testsieger für 240 Euro das Gerät Ihrer Wahl.

Der Königsweg zur tadellosen Küche

Hartnäckige Verkrustungen, Fettschmutz und heikle Gerüche – da ist immer was zu tun, um Ihre Küche in Schuss zu halten. So schaffen Sie das!

Das Nudelwasser ist übergekocht? Die Bratkartoffeln sind angebrannt? Kann passieren, aber jetzt gilt es fix zu sein. Wenn Sie sofort mit ein wenig Spülmittel ans Werk gehen und drüberwischen oder die Pfanne einweichen, sind spezielle Reiniger gar nicht erst nötig. Wenn Verkrustungen auf Kochfeldern aus Glaskeramik zurückbleiben, tun Sie sich keinen Gefallen damit, das Reinigen auf die lange Bank zu schieben. Packen Sie beherzt an – am besten mit einem praktischen Kochfeldschaber. Sobald das Feld abgekühlt ist, können Sie mit der Metallklinge des Schabers die Rückstände effizient entfernen und mit etwas Spülmittel nachwischen.

SAUBER OHNE SCHRUBBEN: Im Sommer 2023 haben unsere Expertinnen und Experten 14 Backofen- und Grillreiniger im Test untersucht. Der Testsieger reinigt gut, kostet aber satte 1,05 Euro pro Anwendung. Ein Reiniger für den kleinen Geldbeutel putzt am besten und das sogar schon für 16 Cent pro Anwendung, erhält aber schlechte Noten für seine Gebrauchsanweisung. Für alle, die auf die Chemiekeule verzichten wollen, bietet sich Waschsoda als Hausmittel an (siehe Seite 115). Je nach Verschmutzungsgrad muss aber mit einer mehrstündigen Einwirkzeit gerechnet werden.

Wenn sich Fett und andere Reste in einer beschichteten Pfanne fest eingebrannt haben, sollten Sie nicht versuchen, etwas davon abzukratzen, weil Sie sonst die Beschichtung beschädigen könnten. Mit ein wenig Geduld geht es besser: Die Pfanne daumenhoch mit Wasser füllen, etwas Spülmittel dazugeben, für einige Minuten aufkochen lassen und dann über Nacht einwirken lassen. Aber Vorsicht: Das gilt nicht für gusseiserne Pfannen mit Patina. Spülmittel über Nacht einwirken zu lassen, würde die Patina zerstören und die Antihaftwirkung zunichte machen.

Wie werden Schneidbretter aus Holz gereinigt? Da sie auf keinen Fall in die Geschirrspülmaschine gehören, sollten Holzbretter heiß von Hand abgespült, gründlich abgebürstet und danach gut an der Luft getrocknet werden. Vermeiden Sie längeres Einweichen, da das Holz sich dann verziehen kann und sich etwaige Leimverbindungen lösen können.

Keine Lust, nach dem gemütlichen Grillabend noch den Rost aufwendig zu reinigen? Kein Problem: Sie haben den Grillrost vom gröbsten Fettschmutz befreit – aber nun wohin damit, um ihn gründlich zu säubern? Fürs Einweichen im Spülbecken ist er zu sperrig. Machen Sie es sich einfach: Legen Sie den Rost in einigen Blättern Zeitungspapier eingewickelt auf den Rasen, dann mit etwas Wasser begießen und über Nacht „einweichen" lassen. Das feuchte Papier saugt das meiste Fett auf und der Rest lässt sich am nächsten Morgen problemlos mit etwas Wasser und Spülmittel abwischen.

Kalk entfernen

Spätestens wenn Sie den milchig weißen Belag rund um den Wassertank der Kaffeemaschine sehen, ist es höchste Zeit fürs Entkalken, um wieder beste Voraussetzungen für den morgendlichen Kaffeegenuss zu schaffen. Doch Ihre Maschine kann es auch gut und gerne schon früher nötig haben: Hat sich der Geschmack Ihres Kaffees verändert? Läuft er plötzlich immer langsamer durch? Oder macht die Maschine seltsame Geräusche? All das kann auf eine Verkalkung hindeuten, die von außen nicht erkennbar ist. Zum Entkalken lösen Sie zwei bis drei Esslöffel Zitronensäurepulver beziehungsweise zehnprozentige Zitronensäurelösung in einem Liter Wasser auf und gießen es in den Wassertank. Nun das Gerät einschalten und die Lösung durchlaufen lassen. Anschließend spülen Sie den Tank gut aus und lassen in zwei weiteren Durchgängen noch einmal klares Wasser aufkochen. Für Kaffeevollautomaten ist diese Art der Entkalkung nicht geeignet: Hier sollten Sie sich an die speziellen Reinigungsprogramme des Herstellers halten.

KAMPF DEM KALK

Egal ob als dünner Belag oder hartnäckige Verkrustung: Calciumcarbonat alias Kalk ist ganz schön lästig. Aber keine Bange, so gelingt das Entfernen ohne jegliche Kraftmeierei.

ENTSTEHUNG

Ab Temperaturen über 50 Grad Celsius kann das Wasser den gelösten Kalk nicht mehr binden. Deshalb lagert es sich in Wasserkochern oder Armaturen ab. Aber auch ohne Erhitzung können sich an Oberflächen, die mit kalkhaltigem Leitungswasser Kontakt haben, Kalkflecken bilden.

VORBEUGUNG

Vorbeugen kann man durch das Abspülen der Armaturen nach Benutzung mit kaltem Wasser oder – noch besser – Abwischen mit einem Lappen. Um Wasser von großen Oberflächen zu entfernen, benutzen Sie am besten einen Abzieher mit Gummilippe.

ENTFERNUNG

Essig, verdünnte Essigessenz oder Zitronensaft entfernen Kalkbeläge. Kunststoffe und Gummi, zum Beispiel in Dichtungen, werden von der im Essig enthaltenen Säure angegriffen. Oberflächen, die weder Essig- noch Zitronensäure vertragen, lassen sich schonend mit Backpulver reinigen.

Für das Entkalken von Wasserkochern gelten die gleichen Mengenangaben wie bei der Kaffeemaschine. Nach dem Erhitzen abkühlen lassen, die Mischung höchstens eine halbe Stunde einwirken lassen und dann mit klarem Wasser nachspülen. Wer zu lange mit dem Entkalken wartet, verschwendet Energie: Durch Kalkablagerungen wird das Übergehen der Wärme vom Topfboden zum Wasser beeinträchtigt, sodass die Schichten wie eine Dämmung wirken. Was gilt es beim Kauf eines Wasserkochers zu beachten? Die gängigsten Materialien sind Edelstahl, Glas, Keramik und Kunststoff. Wasserkocher aus Edelstahl gelten zwar als besonders langlebig, haben aber den Nachteil, dass sie eine Verbrennungsgefahr für Kinder darstellen, da das Metall mehr Hitze absorbiert und somit mehr Energie nach außen abgibt – ganz im Gegenteil zu einem doppelwandigen Plastiktopf. Das nächste Kriterium: offene oder verdeckte Heizstäbe. Geräte mit offenen Heizstäben, die in direkten Kontakt mit dem Wasser kommen, sind zwar preisgünstiger, müssen aber öfter entkalkt werden, daher sind verdeckte Heizstäbe empfehlenswert. Einige Geräte sind mit einer Temperaturregelung ausgestattet, was sie etwas teurer macht. Das Wasser wird hier also nicht automatisch bis zum Siedepunkt gebracht, was weniger Kalk verursacht und Energie spart. Wer gerne grünen Tee trinkt, muss das kochende Wasser nicht erst abkühlen lassen, sondern kann gleich bei 70 bis 80 Grad aufbrühen. Kaffeegourmets können ihr Heißgetränk optimieren, indem sie je nach Wunsch zwischen 90 und 95 Grad auswählen. Auch Wärmflaschen sind damit nie mehr zu heiß.

Abflussverstopfungen lösen

Egal ob in der Spüle, im Waschbecken oder in der Dusche: Schwingen Sie nicht gleich die Chemiekeule, sondern benutzen Sie eine Saugglocke – auch als Pömpel bekannt –, um dem Stau ein Ende zu bereiten. Verschließen Sie das Überlaufloch – indem Sie es entweder zukleben oder mit einem nassen Lappen zustopfen. Dann das Becken mit etwas Wasser füllen, die Saugglocke über dem Abfluss ansetzen und kräftig pumpen, bis Ihnen ein befreiendes Blubbern signalisiert, dass die Verstopfung sich löst. Falls dies nichts hilft, könnte es sein, dass sich die Verstopfung nicht im wassergefüllten U-Stück (Siphon) direkt unter dem Abfluss befindet, sondern weiter drin im Rohr. Um bis dorthin zu gelangen, benötigen Sie eine Abflussbürste. Diesen langen, biegsamen Draht mit Borsten schieben Sie dann so weit wie möglich ins Rohr und stochern mit vollem Einsatz, bis die Ablagerungen verschwinden. Bei Spüle und Waschbecken können Sie zusätzlich noch den Siphon abmontieren, um ihn zu säubern und von hier aus mit der Bürste noch tiefer ins Rohr vorzudringen: zunächst einen Eimer unterstellen, um das verbleibende Wasser aufzufangen, und dann per Hand oder mit der Rohrzange die Muttern behutsam drehen.

VORBEUGEN IST BESSER ALS NACHSTOCHERN: Wer gar nicht erst in die Verlegenheit kommen will, das Innere der eigenen Rohre kennen zu lernen, sorgt dafür, dass es zu keinen Ablagerungen kommt. Benutzen Sie Abflusssiebe, um das Gröbste wie Haare und Essensreste abzufangen. Gießen Sie nichts Fettiges in den Abfluss – kleine Mengen Speiseöl in einem verschließbaren Behälter im Restmüll entsorgen.

Ein blitzsauberes Bad ohne Wenn und Aber

Schluss mit Kalk und Keimen! Wie Sie Ihr Bad mit Köpfchen und ohne Chemiekeule problemlos sauber bekommen, erfahren Sie hier.

Schimmel ist sicher das Topthema, wenn es um die Nassräume geht, und dabei geht es vor allem um Vorbeugung. Die Pilzsporen entstehen, wenn sich zu viel Feuchtigkeit an bestimmten Stellen Ihres Haushalts ansammelt. Richtiges Lüften und Heizen sind hier das A und O. Besonders nach dem Kochen oder Duschen sollten Sie stoßlüften – also Fenster und Türen an gegenüberliegenden Seiten der Wohnung weit aufreißen, sodass der Durchzug die Feuchtigkeit nach draußen trägt. Peilen Sie Raumtemperaturen von etwa 20 Grad an – im Schlafzimmer etwas weniger, im Bad und Wohnzimmer etwas mehr. Zur Orientierung: Jedes Grad weniger spart etwa sechs Prozent Heizkosten. Für Schlafzimmer empfehlen wir 16 Grad. Im Winter kann trockenkalte Luft von draußen besonders viel Feuchtigkeit absorbieren und beim nächsten Lüften mit sich nehmen. Verbarrikadieren Sie Ihre Heizkörper nicht mit Möbelstücken: Zwischen Sofa und Heizung sollte ein Mindestabstand von 30 Zentimetern gewährleistet sein, damit die Luft ordentlich zirkulieren kann. Wenn an Fenstern mit Heizkörpern Vorhänge angebracht sind, sollten diese nicht bodenlang sein, damit sie die Wärmequelle nicht komplett vom Rest des Raums abschirmen. Wichtig: Wenn Schimmel wiederholt auftritt, können Baumängel vorliegen. Kommt der Schimmel immer wieder, bekämpfen Sie wahrscheinlich nur das Symptom, nicht aber die Ursache, und sollten dem Problem auf den Grund gehen.

Schimmelflecken entfernen

Wischen Sie den Schimmel nicht trocken ab – dabei werden die Sporen aufgewirbelt, verbreiten sich im Raum und gelangen auch in Ihre Atemwege, sodass Gesundheitsgefahr besteht. Öffnen Sie die Fenster, damit Sie frische Luft beim Arbeiten haben. Tür aber schließen, damit sich der Schimmel nicht weiter in der Wohnung verteilt. Schutzkleidung ist ein Muss: Tragen Sie eine FFP2-Maske sowie Augenschutzbrille und Gummihandschuhe. Wenn Sie spezielle Schimmelentferner aus dem Handel verwenden, achten Sie auf die Sicherheits- und Anwendungshinweise, die Sie auf der Packung oder dem Beipackzettel finden. Als Alternative gibt es auch eine Reihe von Hausmitteln, die gegen Schimmel wirksam sind, etwa 70-prozentigen Isopropylalkohol oder Brennspiritus: hierbei die Lösung mit einem Pinsel auftragen. Trocknen lassen und dann nochmals einpinseln. Nach einer halben Stunde Einwirkzeit mit Papiertüchern wegwischen. Die Tücher in einer Tüte deponieren, diese zuknoten und sofort in den Müll damit. Beim Umgang mit dem Alkohol herrscht Brandgefahr, also auf keinen Fall rauchen. Befallene Tapeten dürfen Sie nicht sofort abreißen, sondern erst, nachdem Sie den Schimmelentferner angewendet haben. Für Schimmelbefall von Fugen gibt es spezielle Mittel mit Bleichwirkung, zum Beispiel Wasserstoffperoxid. Diese hellen den Untergrund während des Abtötens der Sporen gleich mit auf, sodass auch der optische Schaden der dunklen Flecken gleich mit behoben wird. Aber Vorsicht: Ist der Schimmel bereits tief in die Fugen eingedrungen, muss nach der Entfernung neu verfugt werden, um den Schimmel nachhaltig zu bekämpfen. Im Anschluss an die Schimmelentfernung putzen Sie am besten das ganze Zimmer, da der gesamte Staub mit Sporen belastet sein dürfte. Wenn Sie einen Staubsauger verwenden, den Beutel sofort entsorgen beziehungsweise die Staubbox draußen entleeren und gründlich auswischen.

PROFESSIONELL GEGEN PILZBEFALL: Im Februar 2022 hat die Stiftung Warentest 14 Schimmelentferner getestet. Als wirksam und gut zu verarbeiten erwiesen sich vor allem wasserstoffperoxidhaltige Mittel. Sie gibt es ab 93 Cent je 100 Milliliter. Abzuraten ist von Sprays mit Hypochlorit: Sie können Raumluft und Atemwege sehr belasten. Zwei Hausmittel, die ebenso als Erste-Hilfe-Maßnahmen im Kampf gegen die Pilzsporen verlässliche Unterstützung leisten, sind Isopropanol sowie 70- oder 80-prozentiges Ethanol.

Da Fugen ein wenig tiefer liegen, sammelt sich hier leicht Schmutz, den Sie beim Reinigen der Fliesen nicht auf Anhieb mit erwischen. Die hohe Luftfeuchtigkeit im Bad trägt ebenfalls dazu bei, dass Fugen ergrauen und anfällig für Flecken sind. Nutzen Sie am besten Badreiniger. Im Gegensatz zum dünnflüssigen Essigreiniger, der schnell abläuft, wird er aufgesprüht. Die feinen Tröpfchen haften besser und viele Reiniger sind mit Schaumfunktion ausgestattet, sodass Sie den Schaum gezielt auf einzelne Stellen sprühen können.

Wenn der Wasserdampf nach dem Baden oder Duschen am Spiegel in kleinen Wassertröpfchen kondensiert und ihn voll und ganz in Beschlag nimmt, ist es unmöglich, sich ohne viel Umschweife dem Make-up oder der Rasur zu widmen. Und ruckzuck staut sich draußen vor der Badtür die Schlange der anderen Familienmitglieder, die sich auch für den Tag fertig machen wollen. Aber zum Glück gibt es ein einfaches Gegenmittel: Föhnen Sie kurzerhand einmal heiß darüber – so wird der Temperaturunterschied zwischen dem kalten Spiegel und der warmen Raumluft schnell ausgeglichen. Dann können Sie sich wieder über freie Sicht freuen.

So bleibt die Toilette schön

Schmutz vorbeugen: Greifen Sie zur Klobürste, sobald Schmutz entstanden ist. So setzen sich keine Ablagerungen fest und Sie vermeiden das Entstehen von Gerüchen. Bürstenmodelle mit einem kleinen Extrabürstchen, das seitlich angebracht ist, sind besonders praktisch, da ihre Borsten bis unter den Beckenrand reichen. Je öfter Sie die Bürste benutzen, desto seltener kommen Sie in die Verlegenheit, die Hilfe von chemischen Putzhelfern in Anspruch nehmen zu müssen. Einfache WC-Reiniger mit Zitronensäure genügen vollkommen, desinfizierende Mittel sind grundsätzlich nicht zu empfehlen.

EIN WOHLRIECHENDES BAD: Der zitrusfrische Geruch, den viele WC-Steine und Duftspüler verströmen, verführt leicht dazu, die Toilette für sauber zu halten. Doch der Schein trügt: Auch sie können eine regelmäßige Reinigung keinesfalls ersetzen. Wer der Umwelt etwas Gutes tun will, verzichtet auf Duftspüler und Co, da sie unnötig das Abwasser belasten. Um das Badezimmer aber weiterhin mit einem einladenden Geruch zu erfüllen, können Sie stattdessen eine Duftkerze in der Nähe der Toilette aufstellen.

Länger einwirken statt höher dosieren: Bei hartnäckigem Schmutz wie Kalk und Urinstein kommt es weniger auf die Menge des Reinigers an als vielmehr auf die Einwirkzeit. Durch sparsames Dosieren schonen Sie nicht nur die Umwelt, sondern auch Ihren Geldbeutel. Um die Einwirkzeit zu verlängern, müssen Sie verhindern, dass der in die Toilettenschüssel gegebene Reiniger sofort an den schrägen Seiten Richtung Abfluss herunterläuft. Das lässt sich erreichen, indem Sie Toilettenpapier über dem Reiniger auslegen. Auf diese Weise bleibt der Reiniger an Ort und Stelle kleben und kann intensiv auf die Ablagerungen einwirken – wenn es nötig ist sogar über Nacht. Anschließend lässt sich der verbleibende Schmutz dann mit der Bürste abschrubben und wegspülen.

Verstopfte Toilette: Wenn die Saugkraft des Pömpels nicht ausreicht, können Sie diese verstärken, indem Sie den Ring des Gummiteils mit etwas Vaseline einschmieren. Falls Sie keine Saugglocke zur Hand haben und die Gäste zum Abendessen gleich vor der Tür stehen, müssen Sie improvisieren: Knipsen Sie einen Drahtkleiderbügel mit einer Zange auf und biegen Sie Ihr Werkzeug so zurecht, dass Sie es zum Stochern im Abfluss einsetzen können. Die professionellen Varianten dieses Drahtgeräts, die sie sich in jedem Baumarkt kaufen können, nennen sich Abfluss- oder Rohrspirale. Erst wenn reine Muskelkraft beim Beseitigen der Verstopfung versagt, sollten Sie als letztes Mittel zu chemischen Rohr- und Abflussreinigern greifen. Tipp: Werfen Sie auf keinen Fall Reinigungstücher in die Toilette, denn die verstopfen die Rohre.

NICHT MISCHEN! Gekaufte Reinigungsmittel sollten prinzipiell nicht gemischt werden. Werden Reiniger, die Säuren (pH-Wert unter 7) enthalten, mit Laugen wie Spülmittel (pH-Wert über 7) vermengt, können gefährliche Schadstoffe freigesetzt werden. Besonders achtgeben sollten Sie bei Reinigern mit Bleichmitteln auf Chlorbasis (zum Beispiel Schimmelentferner „mit Aktivchlor"). Diese dürfen nicht mit säurehaltigen Inhaltsstoffen, wie zum Beispiel Essig, in Berührung kommen, da sonst Chlorgas entstehen kann, das die Atemwege schädigt.

Bürste abtropfen lassen: Verhindern Sie, dass sich Ihr Klobürstenhalter in ein unhygienisches Feuchtgebiet verwandelt. Stellen Sie daher die noch nasse Klobürste nicht gleich nach dem Verwenden in den Halter zurück. Besser ist es, ihren Stiel so unter die Klobrille zu klemmen, dass die Bürste über der Kloschüssel hängend für einige Momente abtropfen kann.

Klodeckel zu: Schließen Sie vor dem Spülen unbedingt den Klodeckel. Wenn er offen gelassen wird, schleudert die Kraft der Spülung winzige Tröpfchen in Form von Aerosolen in die Luft. Bei wissenschaftlichen Untersuchungen wurden versprühte Partikel in einem Radius von anderthalb Meter auf Böden, Wänden und dem Waschbecken gefunden. Durch das Schließen des Deckels verhindern Sie, dass sich potenziell krankmachende Bakterien und Viren verbreiten und in den Rest der Wohnung verschleppt werden.

Kalkrückstände beseitigen: Handelt es sich nur um einen flüchtigen Kalkschleier, dann können Sie diesen ganz unkompliziert mit etwas Handseife einreiben und abspülen. Wenn richtige Verkrustungen am Wasserhahn oder Duschkopf entstanden sind, müssen Sie daran trotzdem nicht aufwendig herumschrubben. Machen Sie es sich einfach: Nehmen Sie einen Gefrierbeutel, den Sie mit Essig oder Zitronensäure und Wasser im Verhältnis 1:3 füllen und fixieren Sie ihn mit einem Gummiband an dem verkalkten Endstück. Nach etwa 45 Minuten Einweichzeit sollten sich die nun aufgelockerten Kalkrückstände lösen und abspülen lassen – je nach Hartnäckigkeit der Ablagerung mehrmals wiederholen. Sehr dicke Kalkschichten können Sie vor der Essig-Anwendung etwas empfänglicher machen, indem Sie sie mit Bimsstein aufrauen, sodass die Säure besser eindringen kann.

Streicheleinheiten für Ihre Holzmöbel

Möbel aus Massivholz – das ist Gemütlichkeit pur. Damit ihre robuste Schönheit keine Kratzer abbekommt, gibt es allerdings Einiges zu beachten.

Wenn Ihre Massivholzmöbel lackiert sind, lassen Sie es mit der Pflege bitte langsam angehen. Zu viel Wellness kann auch hier leicht in Stress ausarten. Da der Lack bereits als Schutzschicht fürs Holz fungiert, muss nicht fortwährend neuer Schutz in Form von Ölen und Wachsen aufgetragen werden. Zu viele Streicheleinheiten mit Öl können den Lack lösen und weich machen. Und zu viel Einwachsen kann dazu führen, dass sich eine Schicht entwickelt, die viel Schmutz bindet. Gehen Sie stattdessen ganz minimalistisch zu Werke: Greifen Sie zu einem nebelfeuchten Tuch, um Ihr Möbelstück regelmäßig abzustauben. In der Regel genügt klares Wasser. Wenn es sich um Fettspuren handelt, mischen Sie etwas Spiritus dazu. Zum Polieren benutzen Sie am besten ein weiches Tuch, auf das Sie hin und wieder etwas Bienenwachs auftragen.

Möbel, die eine geölte oder gewachste Oberfläche besitzen, sollten weder mit säurehaltigen noch mit alkalischen Reinigern behandelt werden. Hier empfiehlt es sich, ein nebelfeuchtes Baumwolltuch mit etwas Neutralreiniger zu verwenden und danach gleich abzutrocknen.

Wie Sie Ihre Holzmöbel bei glänzender Laune halten, erfahren Sie hier:

Exklusives Staubtuch: Benutzen Sie nicht das gleiche Reinigungstuch für alle Oberflächen im Haus. Reservieren Sie eines ganz allein für Ihre empfindlichen Möbel. Beim Wischen in Bodennähe können zum Beispiel Sandkörner im Tuch hängen bleiben, die dann später beim Abstauben von Holzmöbeln die Oberfläche zerkratzen.

Kleine Kratzer ausbessern: Bei oberflächlichen Kratzspuren helfen einige Tropfen Holzöl. Wenn der Farbton ähnlich ist, lassen sich Makel bei dunklen Massivholzmöbeln mit Schuhcreme oder einem Wachsmalstift zum Verschwinden bringen.

Wachsflecken entfernen: Eine Kerze hat auf Ihren Holztisch getropft? Sobald das Wachs fest geworden ist, das Gröbste vorsichtig mit der Hand abpflücken. Für die Feinarbeit bedecken Sie den Fleck mit Löschpapier oder einem Stück von der Küchenrolle und erhitzen es mit dem Föhn, bis das Wachs vom Papier aufgesaugt ist.

Helle Stellen abdunkeln: Bei braunen Möbeln lassen sich etwas ausgebleichte Stellen wieder dem ursprünglichen Farbton anpassen, indem man sie mit einem Walnusskern einreibt.

Wasserflecken entfernen: Falls Einreiben mit Holzöl nicht genügt, legen Sie ein Tuch über die Stelle und bügeln Sie behutsam, bis die weißen Ringe von Flaschen und Gläsern verschwinden.

Kerben behandeln: Wenn Ihr unbehandelter oder geölter Massivholztisch störende Dellen besitzt, können sie einfach mit einem Bügeleisen weggeplättet werden. Geben Sie zunächst etwas Wasser in die Delle, um es fünf Minuten einwirken zu lassen. Anschließend die Kerbe mit einem feuchten Tuch abdecken und mehrmals darüber bügeln. Feuchtigkeit und Hitze bewirken, dass der Tisch wieder aufquillt und die Fläche wieder eben wird.

Fett- und Kaffeeflecken beseitigen: Geben Sie einige Tropfen Spülmittel in eine Schüssel Wasser und schlagen Sie die Lauge steif. Den Schaum dann auf den Fleck geben und für circa eine halbe Stunde einwirken lassen. Anschließend wieder entfernen und den Tisch trocken wischen.

Holzwürmer vertreiben: Wenn das Möbelstück klein genug ist und nicht allzu wertvoll, können Sie es in einen verschließbaren Plastikbeutel packen und für ein paar Tage in die Gefriertruhe legen, damit die Würmer – und ihre Eier – abgetötet werden. Andernfalls lassen sich die Tierchen vielleicht auch mit einem Köder zum Umzug animieren: Dazu können Sie einige frische Eicheln auf Tellern direkt neben die Löcher platzieren, aus denen das Holzmehl hervorquillt. Vom Geruch ihrer Leibspeise angelockt, verlassen die Schädlinge nach und nach Ihr Möbelstück. Kontrollieren Sie regelmäßig, ob an den Eicheln kleine Löcher zu sehen sind – wenn ja, entsorgen Sie diese umgehend und legen solange neue Eicheln aus, bis keine Löcher mehr zu entdecken sind.

Kaugummi entfernen: Wenn Ihr allerliebster Nachwuchs einen Kaugummi unter den Holztisch geklebt hat, gibt es eine Lösung, die Ihnen mühsames Schaben erspart. Kühlen Sie die Gummimasse mit einem Eiswürfel oder Kühlakku, bis sie sich erhärtet und leicht abpulen lässt. Zweite Möglichkeit: Wenn Sie den Kaugummi mit Vaseline einreiben, wird er sich allmählich lösen.

RICHTIG WASCHEN

Der große Waschtag war früher eine Last – heute geht es einfacher. Hier erfahren Sie, wie Sie Ihre Wäsche effektiv sauber bekommen und dabei so viel Energie, Wasser und Waschmittel sparen wie möglich.

Was beim Wäschewaschen passiert

Das Verstehen um die Vorgänge beim Wäschewaschen kann dazu beitragen, Energie und Waschmittel einzusparen.

Schmutzige Wäsche – was ist damit eigentlich gemeint? Es gibt drei Arten der „Verschmutzung" und jede Art benötigt eine eigene Vorgehensweise und stellt eigene Anforderungen beim Waschen. Dazu braucht es für das Wäschewaschen vier Faktoren, die immer zum Einsatz kommen: Zeit, Mechanik, Chemie und Temperatur.

Die dreckige Wäsche

Schmutzpartikel und Flüssigkeiten haften auf dem Gewebe oder haben sich zwischen den feinen Gewebeteilen festgesetzt. Dazu kommt durch den Kontakt mit Lebensmitteln Fett, Eiweiß und Stärke in die Wäsche. Bleibt die dreckige Wäsche länger liegen, verkrusten die Schmutzpartikel, Flüssigkeiten ziehen ein und trocknen. Möglichst schnelles Reagieren ist daher ein wesentlicher Faktor für eine erfolgreiche Beseitigung von Flecken. Getrocknete Flecken sind wesentlich schwieriger, unter Umständen gar nicht mehr zu entfernen – unter anderem, weil sie sich mit dem Gewebe verbinden.

Unsere Oma hat darum die Wäsche vor dem Waschen erst einmal eingeweicht. Verkrustungen werden dabei aufgeweicht und die Fasern beginnen, ein wenig aufzuquellen, und können so die feinen Schmutzstoffe leichter freigeben. Dann kam die Seife dazu. Sie entspannt das Wasser, das Gewebe kann besser vom Wasser durchdrungen werden und so auch den Schmutz leichter abgeben. Verunreinigungen durch Fett, Eiweiß oder Stärketeile wurden unter anderem mit Gallseife vorbehandelt. Gallseife ist auch heute noch ein günstiger Alleskönner, wenn Problemflecken entstehen.

Einfache Baumwoll- und Leinenwäsche wurde anders als heute häufig gekocht – die Temperatur spielte eine wichtige Rolle, um die Wäsche sauber zu bekommen, aber auch, um Bakterien und Viren abzutöten. Danach wurde die Wäsche auf einem Waschbrett gerieben und geschlagen. Die Mechanik der Waschmaschinen ersetzt heute diesen körperlichen Kraftakt. Die Aufgabe der Seife übernehmen moderne Tensidsysteme.

DIE KLEINEN HELFER IM WASCHMITTEL: Weitere Inhaltsstoffe heutiger Waschmittel helfen bei der Schmutzablösung, verhindern eine erneute Ablagerung der Schmutzpartikel auf die Wäsche und binden beispielsweise Calcium. Dazu kommen noch Enzyme, die Fett-, Eiweiß- und Stärkeschmutz aus dem Gewebe waschen. Die Enzyme sind schon bei niedrigen Temperaturen wirksam. Das bedeutet, ein Waschgang bei 30 Grad oder 40 Grad ist ausreichend. Bleichmittel sorgen dafür, dass weiße Wäsche aufgehellt wird.

Bleichmittel sind zudem wirksam gegen Bakterien und Gerüche! Bleichmittel sind nicht in flüssigen Vollwaschmitteln sowie in Color-, Fein- und Wollwaschmitteln enthalten, sondern nur in in Vollwaschmittelpulvern. Oma hat die weiße Wäsche in der Sonne gebleicht. Durch das Wasser in der nassen Wäsche und durch die UV-Strahlung der Sonne entsteht Wasserstoffperoxid, ein Bleichmittel, das vielen eher für das Blondieren der Haare bekannt sein dürfte. Durch Bleichen verliert der Farbstoff der Schmutzpartikel seine farbgebenden Eigenschaften und die starke Faserhaftung. Zudem wird die Wasserlöslichkeit erhöht. Bunte Wäsche sollte beim Trocknen in der Sonne immer auf links gedreht werden. Als letzter Baustein in unserem heutigen Chemiebaukasten kommt ein Wasserenthärter dazu. Er sorgt für weiches Wasser, das alle Waschfunktionen unterstützt.

Die schlecht riechende Wäsche

Wäsche riecht muffig, weil die Maschine riecht (der Grund: Bakterien), die Wäsche irgendwo zu lange feucht gelagert wurde (zum Beispiel das Trikot, das in der Sporttasche vergessen wurde) oder auch, weil sich Bakterien aus Körperschweiß auf der Kleidung befinden. Ein Waschgang bei 60 Grad mit Vollwaschmittelpulver beseitigt den Geruch in der Wäsche. Wir empfehlen, mindestens einmal im Monat mit Vollwaschmittelpulver bei 60 Grad zu waschen, damit kein Biofilm in der Maschine entsteht. Und: Die Wäsche sollte auf keinen Fall über Nacht in der Maschine liegen gelassen werden.

TENSIDE BEKÄMPFEN BAKTERIEN WIRKUNGSVOLL: Einfache Bakterien werden übrigens sogar schon bei 40 Grad Temperatur abgetötet, auch durch die Tenside im Waschmittel. Um ansteckende (Noro-)Viren und ähnliche Erreger sowie Pilze zu bekämpfen, sollten Sie aber auf eine Wäsche mit 60 Grad und Vollwaschmittelpulver zurückgreifen.

Die Sport- und Funktionskleidung, zum Beispiel Sporttrikots, Skiunterwäsche, Fahrradkleidung, Wanderjacken und Ähnliches, stellt besondere Anforderungen an die Reinigung, ebenso die Buntwäsche. Beide haben eines gemeinsam: Sie dürfen meistens nicht bei 60 Grad gewaschen werden. Weißwäsche sollte auch hier wieder mit einem Vollwaschmittelpulver und nicht mit einem Flüssigwaschmittel gewaschen werden. Die Bleichmittel im Waschpulver sind auch gegen Bakterien aktiv. Funktionskleidung nie mit einem Weichspüler behandeln. Der softe Zusatz setzt sich beim Waschen an den Fasern fest und schränkt deren Atmungsaktivität ein. Dadurch kann der Stoff Schweiß weniger gut aufnehmen und nach außen leiten. Gut zu wissen: Die Textilien sind nicht für immer kaputt. Der Weichspüler löst sich nach einigen Waschgängen wieder aus dem Gewebe.

Herausforderung: Die verkeimte Wäsche

Multiresistente Keime, Noroviren, Salmonellen und andere Krankheitserreger und Pilze werden unvermeidbar auch in die Wäsche übertragen. Multiresistente Keime können nur bei Temperaturen von über 60 Grad wirksam entfernt werden. Die Waschtemperatur soll für mindestens 10 Minuten 60 Grad Celsius im Normalprogramm (also nicht Eco oder ähnliche) betragen. Wichtig ist es, Vollwaschmittelpulver einzusetzen, keine Flüssig- oder Colorwaschmittel. Nur Vollwaschmittelpulver enthält die nötigen Bleichmittel!

Noroviren, aber auch Fußpilz und Vaginalkeime können bei einer Waschtemperatur von 60 Grad Celsius beseitigt werden. Wenn Personen mit geschwächtem Immunsystem oder Babys im Haushalt leben, sollte deren Wäsche möglichst immer mit echten 60 Grad gewaschen werden. Übrigens: Für einen Waschgang verträgt auch die Buntwäsche durchaus ein Waschpulver mit Bleichmitteln, ohne dabei die Farbe zu verlieren. Salmonellen in der Wäsche lassen sich ebenfalls bei Waschtemperaturen ab 60 Grad Celsius unschädlich machen.

Geld sparen beim Wäschewaschen

Mit dem Wissen darum, was beim Waschen passiert, wird schnell klar, wie man am effektivsten wäscht.

Um leicht verschmutzte Wäsche zu reinigen, reichen in der Regel 30 Grad Waschtemperatur aus. Damit kann viel Energie eingespart werden Eine Vorwäsche ist bei leichten Verschmutzungen nicht notwendig und spart Wasser, Waschmittel und Energie. Bei extremen Verkrustungen kann man die Wäsche über Nacht in einem Eimer mit Wasser und Waschmittel einweichen. Das wäre eine Vorwäsche ohne einen weiteren Einsatz von Energie. Für weiße Schmutzwäsche sollte man Vollwaschmittelpulver, keine Flüssigwaschmittel verwenden. Denn die erforderlichen Bleichmittel sind nur im Vollwaschmittelpulver vorhanden.

Ein Waschmittel ganz allein für Ihre dunkle Garderobe? Unnötig! Fallen Sie nicht auf die vollmundigen Versprechen der Waschmittelhersteller herein, die Ihnen noch ein weiteres teures Spezialwaschmittel in den Einkaufskorb bugsieren wollen. Wenn es darum geht, die Farbe Ihres eleganten tiefschwarzen Hemdes möglichst lang frisch zu halten, sind Sie mit einem guten Colorwaschmittel bestens bedient. Das macht es auch einfacher: für alles, was bunt und schwarz daherkommt, nutzen Sie ein Mittel, das die Farbe der Textilien schont und Abfärben verhindert. Wenn Sie Ihrem schwarzen Hemd was Gutes tun wollen, dann lautet die Devise: Auf links drehen, damit keine übermäßige mechanische Reibung von außen einwirkt. Den Schonwaschgang wählen. Und möglichst wenig schleudern. Beim Trocknen darauf achten, die schwarze Kleidung niemals in die pralle Sonne zu hängen – das lässt Dunkles sehr schnell ausbleichen.

Weichspüler halten viele für überflüssig. Sie enthalten kationische Tenside, die an der Oberfläche der Wäschestücke haften bleiben und dafür sorgen, dass sich die Textilien nach dem Trocknen weicher anfühlen. Aber sie haben keine Waschwirkung und weich wird die Wäsche auch im Luftstrom der rotierenden Trommel des Wäschetrockners. Zudem können Weichspüler auf Dauer die Farben verblassen lassen und die Fasern der Textilien strapazieren. Wer keinen Wäschetrockner hat und zumindest einige Textilien besonders kuschelig haben möchte, sollte Weichspüler möglichst gezielt und sparsam einsetzen.

Vollwaschmittelpulver bietet gegenüber den Flüssigwaschmitteln viele Vorteile: Neben der Wirkung der Bleichmittel, die zudem wirksam gegen Bakterien sind, hält Vollwaschmittelpulver auch die Waschmaschine sauber. Wenn Sie Flüssigwaschmittel einsetzen, können Sie Rückstände vermeiden, indem Sie das Flüssigwaschmittel in eine Dosierkugel füllen und diese zu der Wäsche in die Trommel legen.

PULVER WÄSCHT BUNTES BESSER: Im Colorwaschmittel-Test vom Januar 2023 haben die Experten und Expertinnen der Stiftung Warentest 7 Pulver und 13 Flüssigwaschmittel untersucht. Die besten Produkte beseitigen alltäglichen Schmutz, entfernen Flecken und erhalten den Farbton. Wer dabei auf klassische Markennamen Wert legt, zahlt bis zu 28 Cent pro Wäsche – vergleichbare Ergebnisse lassen sich aber schon für 16 Cent erzielen. Insgesamt überzeugten die Pulver im Vergleich zu Flüssigwaschmitteln.

Warmwasseranschluss für die Waschmaschine?

Die meiste Energie beim Waschen benötigt das Aufheizen des Wassers. Kann man die Waschmaschine nicht einfach an den Warmwasseranschluss hängen? Die Einsparungen, die mit einem Warmwasseranschluss möglich sind, könnten erheblich sein. Bei einem Waschgang mit 30 Grad werden bis zu 50 Prozent des Stroms für das Aufheizen des Wassers benötigt, bei einem Waschgang mit 60 Grad sind es bis zu 75 Prozent. Doch nur wenige Maschinen lassen sich direkt ans Warmwassernetz anschließen, meist muss ein thermostatischen Brauchwassermischer vorgeschaltet werden, die die Temperatur regelt. Hier ist eine Kosten-Nutzen-Rechnung erforderlich. Wie oft wird gewaschen, bei welchen Temperaturen wird gewaschen, wird der Strom in Eigenleistung produziert, wie teuer ist der Strom, was kostet die Mischbatterie inklusive der Einbaukosten? Grundsätzlich lässt sich sagen: Ein Warmwasseranschluss lohnt sich nur, wenn der Strom fürs Erhitzen effizient erzeugt wird, etwa über eine Wärmepumpe oder mit Solarkollektoren. Außerdem sollten die Zuleitungen kurz und gut isoliert sein: Je länger das warme Wasser transportiert werden muss, desto ineffizienter.

Waschtipps für Profis

Bevor es in die Trommel geht, gilt es zu überprüfen, ob Reißverschlüsse zu sind, damit sie keine anderen Kleidungsstücke mit ihren scharfen Kanten beschädigen. Knöpfe hingegen sollten Sie offen lassen, weil sie ansonsten im Hin und Her des Waschgangs schneller ausleiern oder gar abreißen.

Daunen isolieren gegen Kälte, sind atmungsaktiv und sogar leichter als Federn. Doch wenn sie mit Nässe in Berührung kommen, haben sie die unangenehme Angewohnheit, zusammenzukleben – so auch, wenn eine frisch gewaschene Daunenbettwäsche in den Trockner kommt. Ständiges Aufschütteln und Lockerklopfen, um die verklumpten Federn wieder zu lösen, können Sie sich jedoch ersparen, wenn Sie einige Tennisbälle zur Hand haben. Beim Hin- und Herspringen im Trockner lockern sie die Daunen ordentlich auf. Die geballte Kraft dieses Tricks wird noch durch zwei zusätzliche Schleu-

WAS SAGT DAS ETIKETT?

In vielen Textilien ist ein Etikett oder auch Pflegekennzeichen eingenäht. Nicht alle Symbole erschließen sich von selbst. Hier die Wichtigsten im Überblick.

95 Grad Kochwäsche
Im Normalwaschgang bis zu einer Temperatur von 95°C waschen.

60 Grad Buntwäsche
Im Normalwaschgang bis 60°C waschen.

60 Grad Pflegeleicht
Im Schonwaschgang z.B. Feinwasch- oder Pflegeleichtprogramm bis 60°C waschen.

40 Grad Pflegeleicht
Im Schonwaschgang, z.B. Feinwasch- oder Pflegeleichtprogramm, bis 40°C waschen.

40 Grad Feinwäsche
Im Wollwaschgang bis 40°C waschen.

30 Grad Buntwäsche
Im Normalwaschgang bis 30°C waschen.

30 Grad Feinwäsche
Im Wollwaschgang bis 30°C waschen.

Handwäsche
Handwäsche bis maximal 40°C.

Nicht waschen
Kann nicht gewaschen, aber chemisch gereinigt werden.

Sauerstoffbleiche
Kleidungsstück kann mit Sauerstoffbleiche (z.B. Vollwaschmittel) behandelt werden.

Kleidungsstück ausschließlich mit Color- und Feinwaschmittel waschen.

Alle Lösemittel
Kleidungsstück kann mit allen Lösemitteln gereinigt werden.

Bestimmte Lösemittel
Kleidungsstück kann mit Kohlenwasserstoff-Lösemittel gereinigt werden.

Bestimmte Lösemittel mit Einschränkung
Kann mit Kohlenwasserstoff-Lösemittel gereinigt werden, Einschränkungen bei Temperatur und Feuchtigkeitszugabe.

Keine Lösemittel
Kleidungsstück nicht chemisch reinigen.

Normale Trocknung
Wäsche ganz normal im Trockner trocknen.

Schonende Trocknung
Mit Schonprogramm trocknen.

Nicht im Wäschetrockner trocknen.

dergänge beim Waschen verstärkt, sodass das von den Federn aufgesaugte Wasser wo gut wie möglich entfernt wird. Wichtig: Waschen und trocknen Sie die Daunenwäsche separat, damit die Bälle genügend Platz für ihre Lockerungsübungen haben. Verwenden Sie ein Daunen- oder Wollwaschmittel, auf keinen Fall Weichspüler. Handelt es sich um Daunenjacken oder -mäntel, einfach auf links drehen und im Schonwaschgang bei höchstens 40 Grad reinigen. Auch beim Trocknen auf niedrige Temperaturen im Schongang achten. Stoppen Sie nach 30 Minuten den Trockner, um alles durchzuschütteln und kurz auskühlen zu lassen. Dann erst weitertrocknen und bei Bedarf mehrmals wiederholen. Die Stofftiere Ihrer Kinder könnten mal wieder ein heißes Bad vertragen? Checken Sie am Pflegeetikett des Kuscheltiers, ob es für die Maschine geeignet ist. Falls ja, alle losen Teile sowie Batterien entfernen, das Tier in ein Wäschenetz stecken und dann bei 30 Grad in der Maschine waschen.

WÄSCHENETZE bewahren Ihre Kleidung vor starker mechanischer Beanspruchung. Oft werden sie für BHs verwendet, um die übrige Wäsche vor ihren Metallverschlüssen und -bügeln zu schützen und damit sie sich nicht in der Trommel verklemmen. Auch empfindliche Stücke wie Strumpfhosen oder feine Blusen lassen sich darin unterbringen. Alternativ können Sie auch einen dünnen Kissenbezug oder einen Leinenbeutel benutzen. Der Schmutz löst sich aber beim Einsatz eines Wäschenetzes effektiver, da Bezug oder Beutel das Wasser zusätzlich aufsaugen und eine bestmögliche Spülbewegung beeinträchtigen.

Alle neu gekauften Kleidungstücke sollte man vor dem ersten Tragen mindestens einmal separat durchwaschen, um zum Beispiel Rückstände aus der Produktion zu entfernen. Das gilt auch für Erwachsene, aber noch mehr für Babys. In unserem letzten Colorwaschmittel-Test fanden wir für alle Produkte keine Hinweise auf ein hautreizendes Potenzial. Sensitiv-Waschmittel hatten in dieser Hinsicht keinen Vorteil, wuschen aber schlechter. Alle Babysachen können Sie also ruhig zusammen mit der übrigen Wäsche reinigen, außer es handelt sich um stark Verschmutztes wie Arbeitskleidung oder Putzlappen. In der Regel genügen 40 Grad Waschtemperatur. 60 Grad sind nur nötig, wenn Erbrochenes und Fäkalien beseitigt werden müssen.

Oh Schreck, ein Fleck – so geht er weg

Um Fleckenfrust zu vermeiden, ist schnelles Handeln das Allerwichtigste. Einige Flecken sind auch mit den modernsten Waschmaschinen und den wirksamsten Waschmitteln nicht immer einfach auswaschbar. Etwas Handarbeit, Vorbehandlung und Wissen über die Wirksamkeit geeigneter Fleckenlöser ist dann gefragt. Bei der Verwendung von Spiritus oder Alkohol sollte an einer unauffälligen Stelle eine Probe gemacht werden. Flecken auf kostbaren Textilien sollten Sie vielleicht doch besser in die Reinigung geben, bevor größere Schäden durch einen unsachgemäßen Reinigungsversuch entstehen. Der Handel bietet natürlich eine riesige Palette von Fleckenentfernern an.

FLECKENENTFERNER: Im Sommer 2021 hat die Stiftung Warentest 20 Produkte auf ihre Wirkung gegen Flecken auf Baumwolle und Polyester geprüft und zusätzlich getestet, wie gut sie Flecken im Vergleich mit einem guten Vollwaschmittel entfernen. Das Ergebnis: Universalfleckenentferner kann man sich oft sparen. Nur zwei Produkte schnitten im Test mit Gut ab. Ein gutes Vollwaschmittelpulver, das wie Fleckensalz zum Colorwaschmittelpulver gegeben wurde, wirkte besser als jedes andere geprüfte Mittel. Allerdings bleicht es auch kräftig, das ist bei häufigeren Anwendungen schlecht für die Farben.

Was bringen Hausmittel?

Ein grundlegendes Prinzip gilt für alle Flecken und hilft oft, Schlimmeres zu verhindern. Ob Rotwein auf der Bluse oder Espresso auf der Tischdecke: Schnelle Reaktion zahlt sich aus. Denn frische Flecken lassen sich wesentlich leichter entfernen als getrocknete. Für die Behandlung von Flecken kursieren zahlreiche Empfehlungen für Hausmittel – aber wie wirksam sind solche improvisierten Lösungen wirklich? Wir haben den Test gemacht und die bekannten Hausmittel flüssige Handseife, Salz, Natron und Zitrone auf Baumwolle aus-

FLECKEN WIRKSAM ENTFERNEN

Beim Entfernen frischer Flecken kommt es darauf an, schnell und richtig zu reagieren. So gehen Sie am besten vor.

- Nehmen Sie gröberen und lose aufliegenden Schmutz vorsichtig mit einem sauberen Löffel auf.
- Tupfen Sie den frischen Fleck am besten gleich mit Küchenpapier ab. Das schmutzige Gewebe nicht reiben. Sonst arbeiten Sie den Fleck ein oder rauen den Stoff auf.
- Legen Sie eine saugfähige Unterlage unter das Textil und tupfen Sie es vorsichtig mit Wasser und etwas Seife ab. Als Alternativen zu Seife eignen sich Haarshampoo sowie flüssige Gallseife. Beides lässt sich auch nacheinander verwenden.
- Damit auf Polstern keine Wasserränder bleiben, wischen Sie zum Schluss mit einem nebelfeuchten Tuch über die gesamte Fläche.
- Waschen Sie das Textil anschließend mit der Hand oder wie auf dem Pflegeetikett empfohlen in der Maschine.
- Vorsicht bei eiweißhaltigen Flecken wie Blut, Gras oder Kakao: Behandeln Sie diese immer zuerst mit kaltem Wasser. Bei Temperaturen über 40 Grad Celsius gerinnt Eiweiß und setzt sich im Stoff fest. Für Fettiges und viele andere Flecken ist Seife plus handwarmes Wasser aber okay.
- Aber nicht übertreiben: Behandeln Sie Flecken niemals mit sehr heißem Wasser. Durch die Wärme werden sie fixiert und lassen sich danach nur noch schwer oder gar nicht beseitigen.
- Verzichten Sie auf Selbstversuche bei schwierigen Flecken (etwa von gebrauchtem Motoröl) oder bei empfindlichen Textilien wie einer Seidenbluse. Oft verschlimmert sich dadurch der Fleck oder es bleiben hässliche Ränder zurück. Bringen Sie solche Kleidungsstücke besser gleich in die Reinigung. Informieren Sie die Profis, um welchen Schmutz es sich handelt.

probiert. Zu besiegen waren vier klassische Alltagsflecken: Espresso, Gras, Pesto und Rotwein. Die Gegenprobe machten wir mit einem flüssigen Colorwaschmittel.

Nur die flüssige Handseife erwies sich als wirksamer Fleckentferner. Damit vorbehandelt, sind die frischen Rotwein- und Grasflecken nach der Wäsche fast vollständig verschwunden. Gegen Espresso und Pesto wirkt die Seife zwar weniger kräftig, aber allemal besser als Colorwaschmittel allein. Auch die häusliche Konkurrenz hilft bei diesen Flecken nur wenig. Die mit Salz, Zitrone und Natron vorbehandelten Flecken waren nach dem Waschen noch deutlich sichtbar.

Trocknen und Bügeln leicht gemacht

Wie lässt sich die Feuchtigkeit ganz fix vertreiben? Wie wird aus dem knittrigen Klumpen namens Oberhemd wieder eine glatte Sache?

Die erste Frage beim Trocknen ist, wo das geschehen kann. Wer über einen Balkon, einen Garten oder zumindest Wäschestangen im Gemeinschaftsbereich verfügt, kann die Wäsche natürlich im Freien trocknen. Ideal ist mildes Wetter mit leichtem Wind, aber sogar im Winter bei Frost lässt sich Wäsche draußen trocknen. Dann sollte eine trocken-kalte Witterung bei leichten Minusgraden herrschen, die ein wenig Wind mit sich führen. Die Feuchtigkeit in der Wäsche gefriert erst und geht anschließend in den gasförmigen Zustand über. Der Nachteil daran: Durch den Frost ist die Wäsche steif und nicht so schön weich wie aus dem Trockner. Die Wäscheleine sollten Sie vor dem Aufhängen der Wäsche reinigen, sonst gibt es möglicherweise dunkle Streifen auf der Wäsche. Allergiker sollten die Wäsche allerdings nicht im Freien trocknen. Der Grund: Pollen können sich in der Wäsche ablagern.

Sie haben das Gefühl, unter Wäschebergen erdrückt zu werden, weil der Trockner gerade ganz spontan ausgefallen ist? Na gut, dann einfach alles raus auf die Wäscheleinen im Garten oder auf den Wäscheständer auf dem Balkon. Was aber, wenn der Platz nicht reicht, um alles gleichzeitig an der Luft zu trocknen? Da heißt es umdenken: Wenn Sie zwei Wäscheleinen besitzen, die parallel verlaufen, müssen Sie nicht wie gewohnt die Kleidungsstücke entlang einer Leine befestigen. Hängen Sie sie stattdessen im rechten Winkel zur Leine auf, sodass beispielsweise ein T-Shirt mit jeder Schulter an einer anderen Leine festgeklammert wird. Mit dieser platzsparenden Methode lassen sich viel mehr Hemden und Hosen hintereinander aufreihen als sonst. Achten Sie trotzdem auf genügend Abstand zwischen den Kleidungsstücken, sonst kann die Wäsche nicht richtig trocknen und beginnt zu riechen.

DUNKLE RÄUME SIND FEUCHT: Der Wäschekeller im Haus kann zu feucht sein. Die Wäsche trocknet gegebenenfalls nicht schnell genug. Die Folge: muffiger Geruch. Der Heizungskellerraum einer Gasheizung ist der trockenste Raum im Keller mit der geringsten Luftfeuchtigkeit. Der Wäscheständer kann hier problemlos aufgestellt werden. Bei einer Ölheizung funktioniert das nicht. Denn dann riecht es meistens immer ein wenig nach Heizöl.

Schwere Wäschestücke und Pullover sollten Sie nicht aufhängen. Besser ist es, sie im Liegen auf dem Wäscheständer zu trocknen. Dadurch wird vermieden, dass sich die Wäschestücke durch ihr Eigengewicht verziehen und ausleiern. Hängen Sie die Wäsche auf einem Wäscheständer nicht zu eng auf. Die Trocknung könnte sonst zu lange dauern und die Wäsche beginnt zu riechen. Oberhemden und Blusen sollten Sie auf einem passend großen Bügel aufhängen. Beim Trocknen im Freien den obersten Knopf schließen. So kann sich das Wäschestück nicht verziehen.

Wer zur Miete wohnt, hat nicht immer einen Balkon, Garten oder Wäscheboden zur Verfügung, um die Wäsche dort aufzuhängen. Dann gibt es nur zwei Möglichkeiten: einen Wäschetrockner kaufen oder die Wäsche in der Wohnung trocknen. Bei letzterer Option müssen die Fenster geöffnet werden, um Schimmelbildung vorzubeugen. Denn die aus der Kleidung entweichende Feuchtigkeit muss unbedingt abgeführt werden, damit sie sich nicht an den Wänden festsetzt und auf lange Sicht Schimmelwachstum begünstigt. Zudem sinkt durch das Trocknen die Raumtemperatur. Dabei geht im Winter insgesamt so viel Heizenergie verloren, dass ein moderner Wäschetrockner die sparsamere Variante sein kann.

Bügeln ohne Stress

Bügeln liebt nicht jeder und jede. Doch wer Wert auf glatte Wäsche legt, wird es nicht ganz vermeiden können. Sie können sich die Arbeit aber leichter machen. Das fängt beim Waschen an: Nutzen Sie für Hemden möglichst das Pflegeleicht-Programm und laden Sie die Maschine nicht zu voll . Schleudern Sie möglichst nicht über 800 Umdrehungen, um Knittern zu vermeiden. Lieber die Wäsche etwas feuchter entnehmen. Nach dem Waschen sollten Sie die Wäsche aufschütteln, auf Bügel hängen und in Form ziehen. Das Bügeln geht leichter, wenn die Wäsche noch etwas feucht ist. Bei Trocknern können Sie das mit dem Bügelfeucht-Programm erreichen.
Bügeln Sie zuerst doppelt gelegte Teile wie Manschetten und Kragen, dann die Ärmel von der Achsel zur Manschette hin. Beginnen Sie mit der Seite, an der der Knopfschlitz sitzt. Die Knopfleiste erst von innen bügeln, bei Bedarf auch von außen. Rücken und Seiten bügelt man mit geradem Strich. Ziehen Sie den Stoff mit den Händen dabei etwas auf dem Brett fest.
Wenn's draußen heiß ist, sparen sie sich den Einsatz des Bügeleisens, indem Sie Hemd oder Bluse mit nach draußen nehmen. Hängen Sie das Kleidungsstück am besten an einem halbschattigen Plätzchen auf. Dort sprühen sie es leicht mit Wasser ein und lassen es ungefähr eine Stunde hängen. Luft und Sonne lassen alle Falten rasch verschwinden. Falten Sie Trocknerwäsche unmittelbar nach dem Trockenvorgang. T-Shirts und Polohemden brauchen dann nicht mehr separat gebügelt zu werden.

Ist die Sohle Ihres Bügeleisens stumpf und verdreckt? Rückstände lassen sich nach dem Abkühlen mit einem trockenen Tuch entfernen. Gegen hartnäckigen Schmutz helfen meist ein weicher Edelstahlschwamm oder etwas Essigreiniger oder Zitronensäure auf einem feuchten Lappen. Sie können auch etwas Kochsalz auf einen Wattebausch streuen und die Sohle damit abreiben.

Alles zu Waschmaschine und Trockner

Die Geräte, die Sie beim Abtragen Ihrer Wäscheberge unterstützen, sind langfristige Anschaffungen – also aufgepasst! So finden Sie zwei treue Helfer.

Die „große Wäsche" ist heute dank der technischen Weiterentwicklung keine große Sache mehr. Die meiste Arbeit nehmen uns Waschmaschinen und Trockner ab. Wenn diese Geräte in die Jahre kommen, stellt sich für viele Eigentümerinnen und Eigentümer die Frage: Ist es eigentlich sinnvoll, eine noch funktionierende Maschine oder einen Trockner gegen ein neueres Gerät mit geringerem Energieverbrauch auszutauschen? Diese Frage kann pauschal und klar beantwortet werden: Nein, es lohnt sich nicht – vorausgesetzt, es stehen keine Reparaturen an, die das Kosten-Nutzen-Verhältnis ändern. Egal, wie viel Energie und Wasser die vorhandene Waschmaschine benötigt: Um Energie einzusparen, ergibt eine Neuanschaffung keinen Sinn, auch wenn die neue Waschmaschine die Energieeffizienzklasse A besitzt. Es würde, je nachdem, wie oft in der Woche gewaschen wird, zwischen 10 und 15 Jahre dauern, bis sich eine Neuanschaffung finanziell rentiert hat. Nutzen Sie daher die vorhandene Waschmaschine ruhig weiter – unter Berücksichtigung aller anderen Einsparpotenziale, die sich beim Betrieb ergeben.

SAUBERE LEISTUNG: Im Herbst 2023 haben unsere Expertinnen und Experten zehn Waschmaschinen im Test unter die Lupe genommen. Gute Geräte erhalten Sie ab 510 Euro. Sie waschen gut, schleudern nicht zu laut und halten sich an die eingestellte Wassertemperatur. Zudem schaffen sie es, Waschmittelrückstände in der Kleidung zu vermeiden. Mängel der Konkurrenz auf den hinteren Rängen sind lange Laufzeiten sowie eine unzuverlässige Restlaufanzeige.

FÜR EINE REINLICHE NACHTRUHE

Wie man sich bettet, so liegt man. Mit diesen Tipps wird Ihr Schlaf nicht nur erholsam, sondern auch hygienisch einwandfrei.

1 LATTENROST Das Reinigen der unteren Gefilde Ihres Schlafplatzes gerät schnell in Vergessenheit – was Ihre ortsansässigen Hausstaubmilben natürlich freut. Nutzen Sie daher beim Wechseln der Bettwäsche die Gelegenheit, den Lattenrost mit einem feuchten Tuch und Allzweckreiniger abzuwischen.

2 SONNENLICHT Holen Sie sich beim Kampf gegen Hausstaubmilben himmlische Unterstützung! Die kleinen Plagegeister sind so allergisch gegen Sonnenlicht, dass man sie damit ruckzuck in die Flucht schlagen kann. Lassen Sie also Sonnentage nicht ungenutzt verstreichen: Hängen Sie Bettwäsche, Decken und Teppiche für eine Weile nach draußen.

3 BETTWÄSCHE WECHSELN Wie oft ist oft genug? Um allerlei Hinterlassenschaften wie Schweiß, Bakterien und Hautschuppen zu entfernen, sollte Ihre Bettwäsche alle zwei Wochen ausgetauscht und gewaschen werden. Falls Sie dazu neigen stark zu schwitzen, ohne Kleidung schlafen oder gerade Sommerhitze herrscht, dann am besten wöchentlich wechseln.

4 MATRATZENPFLEGE Lassen Sie die Matratze tagsüber auslüften, das heißt: das Bett nicht machen, die Decke zurückschlagen und auf eine Tagesdecke verzichten. Damit die Matratze nicht einseitig beansprucht wird, regelmäßig das Kopf- zum Fußende drehen. Im Falle von zwei gleichen Seiten und symmetrischen Zonen auch regelmäßig wenden. Wenn Sie die Bettwäsche wechseln, die Matratze senkrecht stellen und möglichst mit der Polsterdüse des Staubsaugers absaugen. Falls Sie einen Garten oder einen großen Balkon besitzen, gerne die Matratze draußen ab und zu richtig im Freien auslüften lassen. Ungefähr alle acht bis zehn Jahre ist es Zeit, sich eine neue Matratze anzuschaffen. Durchaus auch schon früher, wenn sie unhygienisch wirkt oder durchgelegen ist und Ihnen aufgrund von Rückenschmerzen den Schlaf raubt. Achten Sie beim Kauf auf abnehmbare Bezüge. Den Bezug waschen Sie mindestens einmal im Jahr bei 60 Grad Celsius mit pulverförmigem Vollwaschmittel, falls die Pflegeanleitung es erlaubt.

Energie sparen beim Waschen

Sie sollten die Menge des verwendeten Waschmittels immer an den Härtegrad des Wassers anpassen. Der Wasserversorger kann dabei Auskunft geben. Die Dosiermenge des Waschmittels, angepasst an die Wasserhärte, steht in der Regel auf jeder Verpackung. Nutzen Sie die Füllmenge bei jedem Waschgang aus und lassen Sie die Maschine nicht halb voll laufen (außer bei Pflegeleichtprogrammen).

Wählen Sie das Waschprogramm klug: Öko- oder Ecoprogramme benötigen zwar eine sehr viel längere Waschzeit, dafür verbrauchen sie aber im Schnitt nur die Hälfte des Stroms. Schnellwaschprogramme hingegen verbrauchen unverhältnismäßig viel Strom. Waschprogramme mit niedrigen Temperaturen benötigen nicht so viel Energie. 30 Grad reichen zum Waschen aber sehr oft aus. Vorwaschprogramme sollten Sie meiden. Die heutigen Waschmittel und verwendeten Textilien benötigen in der Regel keine Vorwäsche.

Die Waschmaschine richtig pflegen

Nach dem Waschen sollten die Tür der Maschine und die Waschmittelschublade immer offen gelassen werden, damit die im Inneren vorhandene Feuchtigkeit verdunsten kann. Das Flusensieb muss regelmäßig gereinigt werden. Es befindet sich bei Waschmaschinen unterhalb der Wäschetrommel, meistens hinter einer Klappe montiert. Im Flusensieb befindet sich immer etwas Wasser. Daher am einfachsten eine flache Schüssel oder eine Kehrschaufel leicht angewinkelt zwischen Fußboden und Waschmaschine halten, bevor Sie das Sieb herausdrehen. Das austretende Wasser läuft dann auf die Kehrschaufel beziehungsweise in die Schüssel. Anschließend entfernen Sie etwaige Verschmutzungen und Feststoffe im Sieb und drehen es danach wieder fest hinein. Das Flusensieb hält den natürlichen Faserabrieb der Wäsche zurück. Mit etwas Glück findet man auch verlorene Knöpfe und Münzen in dem Sieb wieder.

Um eine mögliche Keimbildung und Bakterien in der Waschmaschine zu beseitigen, sollte regelmäßig auch ein Waschprogramm mit 60 Grad laufen. Wenn die Waschmaschine nach einem Waschgang mit 60 Grad immer noch riecht, kann ein Leerlauf mit 90 Grad und bleichehaltigem Vollwaschmittelpulver helfen. Aber Vorsicht: Für die Reinigung der Waschmaschine darf kein Essigreiniger verwendet werden. Denn der Essig kann die Gummidichtungen zerstören. Zur Pflege gehört auch, das Einfüllfach für die Waschmittel und die Dichtung der Waschmaschinentür regelmäßig zu reinigen. Wichtig: Verwenden Sie nicht nur Flüssigwaschmittel. Vollwaschmittelpulver enthalten Bleichmittel, die die Maschine beim Waschvorgang zusätzlich reinigen.

GÜNSTIGE COMBO – TEURER HAKEN: Im Herbst 2023 haben die Expertinnen und Experten der Stiftung Warentest vier Waschtrockner geprüft. Ein gutes 2-in-1-Gerät, das die Wäsche bestmöglich reinigt und je nach Wunsch schranktrocken oder bügelfeucht trocknet, erhalten Sie bereits für 950 Euro. Dies ist preiswerter als die Anschaffung zweier vergleichbarer Einzelgeräte. Doch zu früh gefreut: Leider sind die Betriebskosten über eine Nutzungszeit von 10 Jahren sehr hoch. Weiterer Nachteil: Die Kombiprogramme lassen sich ganz schön Zeit. Acht bis neun Stunden zieht sich ein voller Durchgang hin.

Wann ist der Kauf eines Wäschetrockners sinnvoll?

Sie besitzen noch keinen Wäschetrockner und Sie stehen vor der Kaufentscheidung. Aber lohnt sich ein solches Gerät überhaupt? Der Kauf eines Wäschetrockners ist auf jeden Fall dann sinnvoll, wenn viel Wäsche gewaschen werden muss und wenn es keine Möglichkeit gibt, die Wäsche außerhalb der Wohnung zu trocken. Im Sommer mag das funktionieren, da notfalls die Fenster geöffnet werden können. In den kalten Monaten sieht das schon anders aus. Ein voller Wäscheständer kann, je nach Art der Wäsche, zwischen zwei und drei Liter Wasser an die Umgebungsluft abgeben. Dadurch steigt die Luftfeuchtigkeit in der Wohnung rapide an und es droht die Gefahr der Schimmelbildung.

Die Luftfeuchtigkeit in einer Wohnung beträgt idealerweise zwischen 40 und 60 Prozent. Alles, was darüber liegt, fördert die Schimmelbildung. Die Feuchtigkeit, die durch das Kochen und Duschen entsteht, erhöht zusätzlich die Luftfeuchtigkeit und verschlimmert die Situation. Je höher die Luftfeuchtigkeit, desto schlechter trocknet die Wäsche.

Wenn Sie einen neuen Trockner kaufen möchten, klären Sie zunächst, wo der Trockner aufgestellt werden soll. Hat der Trockner einen Abluftschlauch (Ablufttrockner), muss es auch eine Öffnung geben, die die Luft nach draußen leitet. Ablufttrockner gelten jedoch als echte Stromfresser. Daher hat die Stiftung Warentest Ablufttrockner seit einigen Jahren nicht mehr getestet. Kondensationstrockner und Wärmepumpentrockner können dagegen überall aufgestellt werden.

Beachten Sie, dass das Fassungsvolumen des Geräts der zu erwartenden Wäschemenge entsprechen muss. Wählen Sie beim Neukauf eine möglichst hohe Energieeffizienzklasse, A ist das Maximum. Der Wärmepumpentrockner ist der sparsamste (und mittlerweile auch häufigste) Gerätetyp – im Vergleich zu Abluft- und Kondensationstrocknern lassen sich hier ordentlich die Stromkosten drücken. Unsere Wäschetrockner-Tests zeigen: Beim Stromverbrauch sind die Unterschiede groß – sowohl bei den teuren als auch bei den günstigen Geräten. Ein energiehungriger Trockner häuft etwa 900 Euro Stromkosten in zehn Jahren an, ein sparsamer, guter Trockner dagegen nur gut 300 Euro. Steigt der Strompreis, geht die Schere noch weiter auseinander.

Besitzen Sie einen alten Trockner und fragen sich, ob der Kauf eines neuen Geräts mit höherer Energieeffizienz sinnvoll wäre? Ein Wäschetrockner hält je nach Einsatz zwischen 10 und 15 Jahre. Eine lange Zeit, in der die technische Weiterentwicklung große Sprünge macht, auch bei der Einsparung von Energie. Es gibt keine pauschale Antwort auf diese Frage. Sie können diese Frage individuell für sich beantworten, indem Sie sich mit den folgenden Fragen beschäftigen: Wie viel kostet eine Kilowattstunde Strom aktuell, alle Kosten eingerechnet? Wie oft läuft der Trockner in der Woche? Wie viel Energie verbraucht das neue Gerät? Und: Wie teuer ist das neue Gerät? Für die Berechnung gibt es im Internet Sparformeln, mit denen die individuelle Nutzung und die möglichen Einsparungen berechnet werden können. Ein moderner Wärmepumpentrockner der Energieeffizienzklasse A kann im Jahr, je nach Einsatz, bis zu 70 Prozent Energie im Vergleich zu einem Kondensationstrockner der Energieeffizienzklasse B einsparen. Die individuelle Berechnung ist notwendig, um zu ermitteln, wann sich die Kosten für eine Neuanschaffung rentiert haben. Diese kleine Fleißarbeit bleibt Ihnen nicht erspart.

DIE WEGE DER WÄSCHE

Ihre Wäsche kann auf zwei Wegen in die Maschine gelangen: oben über die Ladeluke oder vorne durchs Bullauge. Welche der Bauarten passt besser zu Ihnen? Hier ihre jeweiligen Vorteile.

TOPLADER – DER PLATZSPARER

MAẞE (B/H/T)
40–45 cm x 80–90 cm x 60 cm

SCHLEUDERZAHL
1200 U/min

VORTEILE
- für Haushalte mit wenig Wäsche: Singles, Kleinfamilien
- passt besonders gut in schmale Nischen und Ecken kleiner Bäder
- Tür stellt keine Auslaufgefahr dar
- Deckel kann jederzeit geöffnet werden: Kleidung lässt sich nachträglich hinzufügen oder vorzeitig herausnehmen

FRONTLADER – DER BESTSELLER

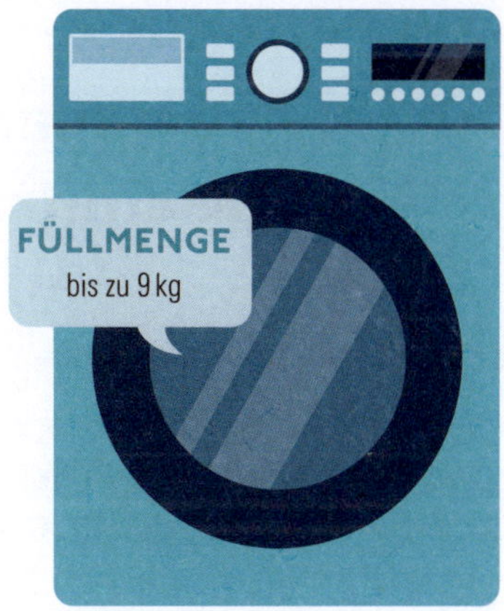

MAẞE (B/H/T)
60 cm x 85 cm x 57–69 cm

SCHLEUDERZAHL
1600 U/min

VORTEILE
- für Haushalte mit viel Wäsche
- Sichtkontrolle durchs Bullauge
- passt unter eine Küchenzeile, da der Deckel nicht nach oben öffnet
- steht aufgrund der Breite stabiler im Raum – der Toplader ist beim Schleudern erheblich unruhiger
- günstigere Anschaffungskosten, da diese beliebte Bauart in größeren Stückzahlen produziert wird

AUF DIE BETRIEBSKOSTEN ACHTEN: Im Herbst 2023 hat die Stiftung Warentest elf Wäschetrockner unter die Lupe genommen. Ob schranktrocken oder bügelfeucht: Für knapp über 1000 Euro zeigt der Spitzenreiter souverän und stromsparend, was er kann. Mit einem guten Modell für 600 Euro geht es allerdings noch ein bisschen sparsamer: Betriebskosten von 694 Euro – über zehn Jahre Nutzungszeit gerechnet – sind nicht zu schlagen. Damit landen Sie bei diesem Kondenstrockner mit Wärmepumpe bei knapp sieben Cent pro Kilogramm trockene Wäsche.

So spart man beim Wäschetrockner Energie

Wenn es die Art der Kleidungsstücke zulässt und sie laut Pflegeetikett nicht zu empfindlich sind, wählen Sie bei der Waschmaschine 1200 bis 1400 als Drehzahl – denn je besser die Wäsche beim Waschgang geschleudert wurde, desto kürzer muss später der Trockner ans Werk gehen. Schleudern verbraucht wesentlich weniger Energie als ein überlanger Aufenthalt der Wäsche im Trockner. Denken Sie daran, das Flusensieb des Trockners nach jeder Benutzung zu reinigen – ist es verstopft, schnellt der Energieverbrauch des Geräts in die Höhe. Nutzen Sie beim Beladen die maximale Kapazität des Trockners aus. Denn auch wenn der voll beladene Trockner etwas länger braucht: Der Energieaufwand für einen zweiten Durchlauf wäre wohl höher. Grundsätzlich ist es ratsam, die Wäschereinigung vorausschauend zu organisieren und dadurch möglichst Trocknungsvorgänge zu vermeiden, bei denen die Lieblingshose allein im Trockner liegt, weil sie am Abend dringend gebraucht wird.

Entwirren Sie die Wäsche, bevor sie im Trockner landet, da sie sonst nicht gleichmäßig trocknen kann. Wäsche, die beim Waschen in Bettbezüge oder Kissenbezüge geraten ist, sollten Sie herausholen und Reißverschlüsse zuziehen. Lassen Sie die Trocknertür während des Trockenvorgangs zu. Moderne Trockner verfügen über Feuchtigkeitssensoren und wissen von selbst, wann die Wäsche trocken ist. Wenn viel Wäsche getrocknet werden muss, laden Sie direkt nach Abschluss des Trockenprogramms nach. So können Sie Restwärme nutzen und Energie sparen.

TENNISBÄLLE oder spezielle Trocknerbälle sollen die Wäsche angeblich auflockern und die Luftzirkulation im Trockner verbessern, damit die Wäsche schneller trocknet. Ein Schnelltest der Stiftung Warentest im Januar 2023 hat aber gezeigt: Trocknerbälle sparen weder Zeit noch Strom – und damit auch kein Geld.

Trocknen Sie – wenn möglich – die Wäsche im Sommer auf der Leine oder auf einem Wäscheständer auf dem Balkon oder am offenen Fenster.

Schnell wieder salonfähiges Schuhwerk

Auf Schritt und Tritt beschützen sie Sie vor dem harten Boden der Realität. Jetzt haben sich Ihre treuen Schuhe endlich ein wenig Wellness verdient.

Wenn die Joggingrunde ein schweißtreibender Erfolg war, sieht man das meistens auch dem Schuhwerk an. Mit einem Schwamm, Neutralreiniger oder einer milden Seife und lauwarmem Wasser können Sie dem Schmutz auf Ihren Sportschuhen zu Leibe rücken. Wichtig ist auch hier, schnell zu handeln, denn eingetrockneter Dreck lässt sich schwerer entfernen. Machen Sie die Schuhe ruhig schön nass, das ist kein Problem, sofern sie aus Stoff, Synthetik oder Mesh-Material bestehen. Sie können auch versuchen, Schuhe aus solchen Materialien in der Waschmaschine zu reinigen. Allerdings besteht dabei grundsätzlich das Risiko, dass sich Kleber oder Nähte lösen können. Und bei zu häufigen Maschinenwaschgängen kann die Dämpfung des Schuhs beeinträchtigt werden.

Zur Vorbereitung klopfen Sie den gröbsten Dreck ab und nehmen Schnürsenkel und Einlegesohlen raus. Gegen dunkle Ränder seitlich an den Sohlen können Sie mit einem weißen Radiergummi oder einem professionellen Schmutzradierer vorgehen. Oder alternativ: die nicht mehr ganz so weißen Sohlenränder mit Zahnpasta und Bürste abschrubben. Hierfür sollte die Zahnpasta unbedingt ganz weiß sein, also keine bunten Streifen besitzen. Leinenschuhe mit Korksohlen sollten Sie nicht in der Maschine waschen, da die Sohlen allzu leicht brechen können. Dann packen Sie die vorgereinigten Treter in ein Wäschenetz oder einen Schuhwaschbeutel und rücken dem Schmutz mit einem Colorwaschmittel im Feinwaschgang zu Leibe. Nicht heißer als 30 bis höchstens 40 Grad waschen, um das Risiko zu begrenzen, dass sich der Kleber an der Sohle löst. Um sicher zu gehen, dass die Schuhe Ihre übrige Ladung nicht ruinieren, sollten Sie sie mit unempfindlicher Schmutzwäsche wie Bettlaken oder Handtüchern zusammentun. Anschließend am besten mit Zeitungspapier ausstopfen und das durchfeuchtete Papier alle zwei Stunden wechseln: So trocknen die Schuhe nicht nur schneller, sondern Sie vermeiden auch, dass sie schimmeln und ihre Form verlieren. Falls Sie Ihre Schuhe in den Trockner stecken wollen: Verknoten Sie die Schnürsenkel und klemmen sie diese in der Tür ein. So können Ihre Laufschuhe mittrocknen, ohne wild in der Trommel hin- und herzupoltern.

Lederschuhe richtig putzen

Das Wichtigste vorweg: Putzen Sie Ihre Schuhe nur in trockenem Zustand, um das Leder zu schonen. Schuhcreme kann auf Kleidung und Fußboden hartnäckige Flecken verursachen – nehmen Sie sich daher die Zeit, den Boden mit einer alten Zeitung auszulegen und schützen Sie Ihre Kleidung mit einer Schürze. Zur Standardausrüstung gehört Schuhcreme in allen Lederfarben – entweder Hartwachspaste oder Emulsionscreme –, eine Schmutzbürste mit etwas härteren Borsten, zum Beispiel aus Rosshaar, sowie eine weiche Bürste pro Farbe. Die Schmutzbürste benutzen Sie für die gründliche Vorreinigung Ihres Schuhwerks. Profis tragen anschließend die

Schuhcreme mit einem Bürstchen auf. Alternativ können Sie das natürlich auch mit einer alten Zahnbürste, mit einem Lappen oder auch einem alten T-Shirt tun. Egal, was Sie benutzen, um die Schuhe einzucremen: Verwenden Sie für jede Lederfarbe eine eigene Bürste beziehungsweise einen gesonderten Lappen. Bei Schuhen aus Glattleder gilt: die Schuhcreme lieber mehrmals dünn als einmal dick auftragen. Reinigungsschaum für Rauleder trägt man mit dem integrierten Schwamm oder einer Multifunktionsbürste auf. Anschließend lassen Sie die Creme mindestens 15 Minuten einziehen. Dann entfernen Sie Reste der Schuhcreme mit einem Lappen und polieren die Schuhe mit der weichen Bürste – Profis ziehen zum Polieren einen Seidenstrumpf über die Borsten. Spucken ist beim Polieren erlaubt – die Enzyme im Speichel sorgen für mehr Glanz.

NASSE LEDERSCHUHE: Legen Sie die Schuhe auf keinen Fall zum Trocknen auf die Heizung oder in die Sonne. Dadurch wird das Leder rissig. Besser ist es, die Schuhe mit zerknülltem Zeitungspapier auszustopfen. Auf diese Weise können sie allmählich trocknen und behalten zusätzlich noch ihre Form.

Im Winter sind Schneeränder an den Schuhen ein häufiges Ärgernis. Man kann sie zum Verschwinden bringen, wenn man den Schuh mit warmem destillierten Wasser abwischt, trocknen lässt und ihn dann ganz normal putzt. Mit Imprägniersprays schützen Sie Ihre wertvollen Lederschuhe vor Nässe – und sich selbst vor nassen Füßen. Imprägnieren Sie Schuhe direkt nach dem Kauf, tragen Sie das Spray gleichmäßig auf und lassen Sie die Schuhe hinterher auslüften. Ob die Imprägnierung wirkt, können Sie prüfen, indem Sie ein wenig Wasser auf die Schuhe tropfen. Bleibt die Oberfläche trocken und die Tropfen perlen ab, sind die Treter noch ausreichend vor Nässe und Schmutz geschützt. Auch Funktionskleidung und oft Rucksäcke, Taschen oder Zelte lassen sich damit vor Nässe schützen. Aber Vorsicht: Verwenden Sie diese Sprays nur im Freien oder bei guter Belüftung. Sie können die Atemwege reizen. Um die Umwelt zu schonen, sollten Sie Mittel ohne Per- und polyfluorierte Alkylsubstanzen (PFAS) oder Chemikalien (PFC) verwenden Diese sind stark wasser-, fett- und schmutzabweisend, gelten aber als synthetisch hergestellte Ewigkeitschemikalien: Sie bauen sich fast nicht mehr ab und reichern sich auch in der Nahrungskette und im Trinkwasser an.

14 IMPRÄGNIERMITTEL für Funktionskleidung und Schuhe haben die Expertinnen und Experten der Stiftung Warentest im September 2023 untersucht. Dabei erwiesen sich die beiden teuersten Sprays (23 Euro und 18 Euro) auch als die besten. Gut schnitt ein Spray für 4 Euro ab. Sechs Sprays sind mangelhaft: Sie versprühen schädliche Chemikalien oder potenziell lungenschädigende Tröpfchen – drei sogar beides.

Ärger mit den Schnürsenkeln

Wenn sich Ihre Schnürsenkel immer wieder lösen, greifen Sie am besten zu Haarspray. Damit lassen sie sich hervorragend fixieren, was besonders nützlich ist, wenn Sie zum Beispiel mitten beim Joggen oder Fußballspielen sind und nicht pausieren wollen, um Ihr Schuhwerk, das sich in eine Stolperfalle verwandelt hat, wieder in Ordnung zu bringen. Haarspray ist ebenso Helfer in der Not, wenn Sie in High Heels oder Flipflops unterwegs sind und beim Laufen ständig hin- und herrutschen. Das Haarspray gibt Ihnen den nötigen Grip. Ausgefranste Schnürsenkel sind nicht nur ein ästhetisches Ärgernis, sondern auch schlecht zu handhaben. Stutzen Sie die zerfaserten Schnürsenkelenden auf eine gerade Länge, um sie dann in eine Nagellackflasche zu tunken. Wenn zu viel Lack daran hängen geblieben ist, lässt sich das mit der Kante eines Papierzettels abstreifen und korrigieren. Anschließend für fünf Minuten zum Trocknen über den Schuhrand hängen. Auf die gleiche Weise lassen sich auch die Enden des Seilzugs am Kapuzenpullover reparieren.

ANHANG

Saisonkalender
Stichwortverzeichnis

SAISONKALENDER

GEMÜSE	JAN	FEBR	MÄRZ	APR	MAI
Blumenkohl				● orange	● dunkelblau
Bohnen					
Brokkoli					● dunkelblau
Chinakohl	● hellblau	● hellblau	● hellblau	● hellblau	● orange
Erbsen					● dunkelblau
Fenchel					● orange
Frühlingszwiebeln				● dunkelblau ● orange	● dunkelblau
Gurken					
Kartoffeln	● hellblau	● hellblau	● hellblau	● hellblau	● hellblau
Knollensellerie	● hellblau	● hellblau	● hellblau	● hellblau	● hellblau
Kohlrabi					● hellblau ● dunkelblau
Kürbis	● hellblau	● hellblau	● hellblau		
Lauch	● hellblau ● dunkelblau	● hellblau ● dunkelblau	● hellblau ● dunkelblau	● dunkelblau	● dunkelblau
Möhren	● hellblau	● hellblau	● hellblau	● hellblau	● hellblau ● orange
Radieschen				● orange	● dunkelblau
Rettich	● hellblau	● hellblau	● hellblau	● hellblau	● hellblau
Rosenkohl	● hellblau ● dunkelblau	● hellblau ● dunkelblau	● hellblau		
Rote Bete	● hellblau	● hellblau	● hellblau	● hellblau	● hellblau
Rotkohl	● hellblau	● hellblau	● hellblau	● hellblau	● hellblau
Speiserüben					● orange
Spinat				● dunkelblau	● dunkelblau
Spitzkohl	● hellblau	● hellblau			● orange
Tomaten					
Zucchini					
Zuckermais					
Zwiebeln	● hellblau	● hellblau	● hellblau	● hellblau	● hellblau

● frisch geerntet regional verfügbar
○ als Lagerware regional verfügbar
◆ aus »Geschütztem Anbau« (Abdeckung mit Folie oder Flies, ungeheizt) regional verfügbar

JUNI	JULI	AUG	SEPT	OKT	NOV	DEZ
●	●	●	●	●	●	
●	●	●	●	●		
●	●	●	●	●	●	
●	●	●	●	●	●	○
●	●	●	●			
●	●	●	●	●	●	
●	●	●	●	●	●	
●	●	●	●			
○●	○●	○●	○●	○●	○●	○
○	●	●	●	●	●	○
●	●	●	●	●		
			●	●	●	○
●	●	●	●	●	●	●
○●	●	●	●	●	●	○
●	●	●	●	●	●	
●	●	●	●	●	●	○
			●	●	●	●
●	●	●	●	●	●	○
○◆	●	●	●	●	●	○
●	●	●	●	●	●	
●	●	●	●	●	●	
●	●	●	●	●	●	◆
◆	◆	◆	◆			
◆	●	●	●	●		
		●	●	●		
◆○	●	●	●	●	○	○

STICHWORTVERZEICHNIS

G

H

I, J

K

L

M

N

O

P, Q

R

S

T

U, V

W, Z

Andreas Löbbers ist gelernter Koch und Produktionsleiter in einer Großküche, vor allem aber ist er Selbstversorger aus Überzeugung: Der eigene Garten und seine Fachkenntnisse machen es möglich. Der verantwortungsvolle Umgang mit Ressourcen ist sein Herzensthema und er zeigt, wie dieser im Kleinen beginnt: im eigenen Haushalt, in der eigenen Küche, als Gastgeber aus Leidenschaft. Er lebt und arbeitet in der Nähe von Münster.

Die Stiftung Warentest wurde 1964 auf Beschluss des Deutschen Bundestages gegründet, um dem Verbraucher durch vergleichende Tests von Waren und Dienstleistungen eine unabhängige und objektive Unterstützung zu bieten. Mehr zu unserem Qualitätsanspruch und viele weitere Bücher finden Sie unter www.test.de.

Unser Umweltversprechen

Dieses Buch wurde unter Einhaltung hoher Umweltstandards nachhaltig und ressourcenschonend in Deutschland produziert.

100 % Recyclingpapier · Mineralölfreie Druckfarben

ISBN: 978-3-7471-0886-4

Stiftung Warentest
Lützowplatz 11–13, 10785 Berlin
www.test.de, email@stiftung-warentest.de
USt-IdNr.: DE136725570

Vorständin: Julia Bönisch
Weitere Mitglieder der Geschäftsleitung: Dr. Holger Brackemann, Daniel Gläser, Dr. Birger Venn-Hein
Programmleitung: Niclas Dewitz
Autor: Andreas Löbbers
Projektleitung, Lektorat: Philipp Sperrle
Mitarbeit: Karsten Treber, Veronika Schuster
Fachliche Beratung: Stephan Scherfenberg, Cecilia Meusel, Ina Bockholt, Rainer Metzger, Claudia Till
Korrektorat: Christian von Raumer
Grafik, Infografik: Christian Königsmann
Verlagsherstellung: Rita Brosius (Ltg.), Romy Alig, Susanne Beeh
Druck: MEO MEDIA, eine Marke der Meinders & Elstermann GmbH & Co. KG, Belm